Thalia Buchhandlung
im Schultheiss Quartier
Sa 19.01.2019 für 1,99, – (statt 14,99,-)

Stille Winkel in Berlin

Dieses Buch ist dem geborenen Berliner
Heinz Telschow gewidmet.

Stille Winkel in

Berlin

Michael Bienert

Ellert & Richter Verlag

Inhalt

7   Ein Mietergarten irgendwo
Der Berliner liebt die Ruhe wie sich selbst

12   Pariser Platz und Brandenburger Tor
Raum der Stille

17   Der Rosengarten im Tiergarten
Ein Versteck

23   Geschichtspark am Hauptbahnhof
Spazieren hinter Mauern

29   Freigelände des Deutschen Technikmuseums
Die Wildnis auf dem Gleisdreieck

34   Kreuzberg und Viktoria-Park
Weinberg, Wolfsschlucht, Wasserfall

40   Luisenstädtischer Kanal
Ein Engelbecken unterm Todesstreifen

47   Rangfoyer des Deutschen Theaters
Vor der Premiere

52   Vom Café Achteck zur City-Toilette
Stille Örtchen

57   Berliner Unterwelten
Fledermäuse und Maulwürfe

62   Krematorium im Wedding
Ruheplatzstraße

66   Berliner Begräbnisplätze
Kleine Friedhofskunde

73 Buddhistisches Haus in Frohnau
Mögen alle Wesen glücklich sein

77 Ruthild Hahnes Bildhaueratelier
Good Bye, Thälmann!

83 Arboretum der Humboldt-Universität
Wo kommen die ganzen Bäume her?

88 Von Wilhelmshagen zum Müggelsee
Auf der Suche nach Kuhle Wampe

94 Schloss und Park Klein-Glienicke
Kleine und Große Neugierde

99 Ehemalige städtische Irrenanstalten
Die Nerven behalten in Buch

108 Gärten der Welt in Marzahn
Naher und Ferner Osten

117 Straßenbahnhaltestelle am Nordbahnhof
Berlin am Meer

121 Adressen und praktische Hinweise

126 Karte

128 Impressum

*Bis es ganz still geworden ist, haben wir uns in den Schänken
und Kaffeehäusern verborgen gehalten, jetzt gehen wir hinaus auf die
Straße. So leise und unvermittelt sind wir da, wie der edle
Lederstrumpf aus dem Schweigen der Wälder auf die Savanne,
auf die Prärie hinaustritt.*

Walther Kiaulehn *Lob der stillen Stadt*

Ein Mietergarten irgendwo
Der Berliner liebt die Ruhe wie sich selbst

Tauperlen glitzern auf dem Rasen, der die Fußsohlen angenehm feucht und kühl kitzelt. Der Arbeitstag beginnt mit einem kurzen Gang durch den Mietergarten hinter dem Haus. Rasen ist eigentlich das falsche Wort für die kurz geschorene Wildwiese aus Gräsern, Löwenzahn, Sauerampfer, Gänseblümchen, Klee und wilden Stiefmütterchen. Am Wochenende haben die Kinder darauf getobt, jetzt sind sie in der Schule oder im Kindergarten. Krähen flattern auf den Rasen und stecken ihre dunklen Schnäbel in die feuchte Erde, beäugt von einer dicken grauen Großstadttaube. Ein Schwalbenpaar saust im Doppelkunstflug erst um den knorrigen alten Apfelbaum, dann um den Pflaumen- und den Süßkirschenbaum. Die Vögel wissen, dass ihnen der Garten um diese frühe Stunde üblicherweise ganz allein gehört.

In den schmalen Beeten an den Zäunen blühen prächtige Taglilien neben blauem Rittersporn, Rosen neben Kürbispflanzen. Seit ein paar Jahren graben meine Frau und andere Mieter an den Rändern des Gartens ein, was ihnen gefällt und den Kindern Freude macht. Die Walderdbeeren, Himbeeren und Josta sind zum sofortigen Vernaschen da. Vor unserer Zeit haben Mieter Johannisbeersträucher und Sauerkirschbäumchen in die Gartenecke gepflanzt, wo seit Kurzem zwei Kaninchenställe stehen. Wir selbst halten keine Haustiere. Aber die Nachbarn sind einverstanden, dass unsere Kinder die niedlichen Karnickel mit selbst gerupftem Löwenzahn und Salatabfällen verwöhnen.

Hinter einem Mietshaus aus der Kaiserzeit liegt dieser Garten, um den sich der Vermieter gottlob wenig kümmert. Er ist froh, dass er keinen Gärtner bezahlen muss, und die Mieter sind glücklich, dass sie nach Herzenslust buddeln, pflanzen, jäten und ernten dürfen. Möbliert ist der Garten mit einer baufälligen Holzpergola, einigen Plastikstühlen, zwei Tischen, einem Fußballtor, zwei aufblasbaren Planschbecken und dem Blechgrill mit der Asche vom Vortag. Hinter einer Schwarzkiefer und Forsythiensträuchern versteckt sich die Komposttonne. Traumschön ist die riesige Wolke aus weißen Blüten, die der Süßkirschenbaum im Frühjahr über dem Buddelkasten schweben lässt.

Alle ein, zwei Jahre kräht im Haus ein Neugeborenes. Die älteste Mieterin saß immer auf demselben Platz im Garten und schaute den Kindern beim Laufenlernen und Größerwerden zu. Vor Kurzem musste sie ins Altersheim. Ein junges Paar ist eingezogen, mal sehen, wie lange sie zu zweit bleiben. Wir sind Mitbewohner eines fruchtbaren Biotops. Neulich haben die Kaninchenmütter acht wollige Junge geworfen. In dem unansehnlichen Vogelkasten am Haselnussstrauch brütet in jedem Frühling ein Meisenpärchen. Der Garten ist komplett unterwühlt von Ameisen, in der Komposttonne wimmelt es von fetten Regenwürmern, und in diesem Sommer treibt eine wahre Mückenplage uns Mieter an den Abenden früh ins Haus.

Niemand hat den Garten entworfen. Er ist eine permanente Improvisation. Es gibt keine Pläne, wer ihn wann nutzen darf und pflegen muss. Er ist keine Sehenswürdigkeit, in keinem Reiseführer verzeichnet. Aber er ist typisch für Berlin! Viel typischer als die meisten Wahrzeichen der Stadt.

Berlin sei laut, anstrengend, hektisch, heißt es. Hip und hopp. Arm, aber sexy. Und immer tempo, tempo. Das ist der Mythos von Berlin, er wird seit gut hundert Jahren liebevoll gehegt – von Kulturkritikern, Avantgardekünstlern, Stadtplanern, Journalisten und Politikern. Es gibt Stadtmarketingspezialisten, die verdienen sich eine goldene Nase damit, dass sie aller Welt weismachen, die Spreestadt sei ein riesiger Rummelplatz, wo Tag und Nacht der Bär steppt.

Denkste.

Eilig haben es in Berlin vor allem die Touristen, die möglichst viel in kurzer Zeit sehen wollen. Der Berliner will vor allem eines: seine Ruhe. Deshalb sehen die Leute in der S-Bahn oder im Bus so griesgrämig aus, verstecken sich hinter einer Zeitung oder lesen ein Buch. Allesamt in sich gekehrte Monaden, man könnte auch sagen: stille Winkel. Träumen vom weichen Bett, vom sanften Schlaf an einem Behördenschreibtisch oder von einem Cocktail in einer Strandliege an der Spree. Oder besser noch an der Ostsee. Wenn Sie Berliner in Eile sehen, dann sind sie wahrscheinlich auf der Flucht vor dem Tempo. Wollen ihren Meditationskurs oder ihre Yogastunde nicht verpassen. Oder ganz schnell nach Hause: Tür zu, Fernseher an, Bier auf, Füße hoch, endlich Ruhe!

Stundenlang kann man in den sogenannten besseren Wohnvierteln durch die Straßen wandern und trifft dort kaum einen Menschen. In den Parks ist es im Sommer nicht so ruhig, da liegen viele, knutschen und grillen. Am reinsten zeigen sich die Sehnsüchte der Berliner in den endlosen Laubenkolonien. Ein Häuschen im Grünen muss es ein, und sei der Garten noch so klein. Berlin ist die Hauptstadt der Laubenpieper: Die 76 750 Kleingartenparzellen belegen eine Fläche von gut 31 Quadratkilometern. Und da wir gerade in der Statistik blättern: Knapp ein Drittel des Stadtgebietes ist mit Wald, Wasser und Feldern bedeckt, knapp ein Sechstel mit Parks, Spielplätzen, Kleingärten, Friedhöfen und Sportstätten. Den Berliner Stadtplanern seit dem 19. Jahrhundert sei Dank! Gut die Hälfte des Stadtgebietes ist als Siedlungs- und Verkehrsfläche ausgewiesen, auch dazu gehört eine Menge unbebautes und grünes Gelände. Sie müssen, liebe Leserin und lieber Leser, in Berlin nur lange genug geradeaus gehen, um Ihren stillen Winkel zu finden!

Der Botanische Garten in Dahlem, die Gemäldegalerie, Schloss Charlottenburg oder die Pfaueninsel stehen in jedem besseren Reiseführer. Wozu braucht es noch ein Buch über stille Winkel? Das Thema hat mich nicht losgelassen, als mir klar wurde: Die Stille und die

Sehnsucht der Berliner nach Ruhe sind kein Randphä-
nomen der Millionenstadt, sondern etwas ganz
Wesentliches. Das heutige Berlin ist nicht allein durch
den raschen Zusammenstrom vieler Menschen, den
Massenverkehr, die Großindustrie und das schnelle
Bauen zu dem geworden, was es ist. Wie ein roter
Faden zieht sich durch die Stadtgeschichte das Bemü-
hen, Zonen der Ruhe zu schaffen, Gärten anzulegen,
Oasen anzupflanzen, Erholungsgebiete zu schützen,
Räume für Nachdenklichkeit, Gebet, Einkehr, Medita-
tion zu bauen. Seltsamerweise hat noch nie jemand
eine Geschichte der Stille in Berlin geschrieben.

Nicht alle stillen Orte, die in diesem Buch gestreift
werden, sind schöne und anheimelnde Orte. Oft hat
die Ruhe in der Großstadt etwas Unheimliches. In den
stillen Winkeln liegt meist etwas versteckt, begrabene
Träume, verschüttete Geschichte, stummes Leid. Die
Großstadt, in der millionenfach Wünsche, Triebe,
Schicksale aufeinanderprallen, ist keine konfliktfreie
Idylle. Die Stille schärft die Sinne, auch für die Span-
nungen, die unter den schönen Oberflächen lauern.

Pariser Platz und Brandenburger Tor
Raum der Stille

Ein ganz normaler Vormittag am Pariser Platz. Aus Stadtrundfahrtbussen klettern Scharen von Jugendlichen, um sich vor dem Brandenburger Tor gegenseitig zu fotografieren. Stadtführer gestikulieren, man hört Englisch, Italienisch, Spanisch, Russisch. Die beiden Fontänen inmitten der prächtigen Blumenrabatten rauschen. Taxis und Rikschas warten auf Kundschaft. Touristen ruhen sich auf Straßenbänken vom Besichtigungsprogramm aus, notieren ihre Eindrücke im Reisetagebuch, lesen Zeitung oder lassen sich von zutraulichen Spatzen die Kuchenkrümel aus der Hand picken. Stundenlang kann man hier sitzen und den Leuten beim Müßiggang zuschauen.

Alles wäre ganz anders, wenn der Autoverkehr über den Platz und durch das Brandenburger Tor rauschen dürfte. Die Fremden würden der Sehenswürdigkeit

rasch ihren Pflichtbesuch abstatten, ein Erinnerungsfoto schießen, und weg wären sie. Erst die Verkehrsbe-
ruhigung hat den Pariser Platz zu einem Ort gemacht,
an dem die Leute gern verweilen. Sie nehmen alles
genau in Augenschein: die Quadriga auf dem Tor, die
amerikanische und die französischen Botschaft, die
Lichtreflexe auf der Glasfassade der Akademie der
Künste und die livrierten Hoteldiener vor dem wieder-
aufgebauten Hotel Adlon.

Der Empfangssalon von Berlin, so wird der Pariser
Platz gern genannt. Er ist kein unruhiger Verkehrskno-
ten mit vielen Zu- und Abflüssen wie der Potsdamer
oder der Alexanderplatz, sondern besitzt mit seinen
ruhigen Fassadenfronten und geschlossenen Ecken
mehr den Charakter eines Innenraums. Der gemäßig-
te Pulsschlag des Pariser Platzes musste nach der Wiedervereinigung erst gegen eine starke Motorlobby er-
kämpft werden. Jahrzehntelang hatte das Brandenburger Tor unzugänglich für Spaziergänger im Todesstreifen zwischen Ost- und Westberlin gestanden. Im
wiedervereinigten Berlin wurde es schick, mit dem
Auto oder Motorrad durch das Wahrzeichen zu knat-
tern, nach dem Motto: Freie Fahrt für freie Berliner.
Ein Tor, durch das man nicht mit dem Auto brausen
könne, sei gar kein richtiges Tor, tönten Verkehrsex-
perten. Dem Wahrzeichen bekam das nicht gut. Die
ständigen Erschütterungen und die Abgase bedrohten
das alte Gemäuer in seiner Substanz, warnten Denk-
malschützer. Ihre Argumente fanden Gehör, als 2002
eine rot-rote Koalition ins Rathaus einzog und die dau-
erhafte Schließung des Tores für Autos und Busse
durchsetzte.

Pünktlich um elf Uhr öffnet ein Wachmann das
nördliche Torhaus für das Publikum. „Treten Sie ein,
hier dürfen Sie schweigen", steht an der Tür. Eine net-
te ältere Dame setzt sich an einen Tisch mit Faltblät-
tern in vielen Sprachen. Seit fünf Jahren, sagt sie, über-
nehme sie jede Woche ein paar Stunden ehrenamtlich
die Aufsicht im Raum der Stille. Ein Bürgerverein, dem
Menschen mehrerer Konfessionen angehören, hält den
schlichten Andachtsraum seit 1994 offen. Durch weiße
Vorhänge fällt stark gedämpftes Tageslicht in den fast
leeren Saal, Schallschutzfenster schirmen ihn gegen
den Lärm von draußen ab. Allein das Wummern der
unterirdischen S-Bahn-Züge ist mehr fühl- als hörbar.
Zwei Reihen schlichter Stühle stehen einem Wandtep-
pich gegenüber, dem einzigen Schmuck. Ein hellgelb
leuchtender Fleck in der Mitte des schwarzbraunen
Gewebes symbolisiert Licht, das durch tiefe Dunkelheit
bricht.

Die meisten Besucher stehen nach ein, zwei Minuten in der Stille schon wieder auf und gehen. Einzelne
schließen die Augen, beten, meditieren, lassen die
Gedanken schweifen oder genießen einfach nur die
Ruhe. Alles ist zugelassen, was die Stille der anderen
nicht stört.

Vorbild für diesen Ort ist der Meditationsraum, der
seit 1954 im UNO-Hauptquartier in New York den Mit-
arbeitern aus allen Kontinenten offensteht. In der Stille soll das friedliche Miteinander der Religionen und
Kulturen erlebbar sein.

Diese Friedensbotschaft am Brandenburger Tor ist
ein Politikum. Seit dem Einzug Napoleons in Berlin im
Herbst 1806 diente der Pariser Platz als Kulisse für mili-

taristische Siegesfeiern. Unter dem Zeichen des Preußenadlers und des Eisernen Kreuzes, die der Architekt Karl Friedrich Schinkel der Quadriga nach den Befreiungskriegen aufgepflanzt hatte, etablierte sich das Brandenburger Tor als Nationalsymbol. Tief ins Gedächtnis der Deutschen eingeprägt haben sich die Propagandabilder der nationalsozialistischen Fackelträger, die hier am 30. Januar 1933 den Aufstieg Hitlers zur Macht feierten.

Ursprünglich jedoch war die oben thronende Wagenlenkerin des Bildhauers Johann Gottfried Schadow keine Sieges-, sondern eine Friedensgöttin auf dem Weg in die Stadt. Das 1793 weitgehend vollendete Stadttor des Architekten Carl Gotthard Langhans hieß in den ersten Jahren auch ganz offiziell Friedenstor. Der Raum der Stille verschafft dem Anliegen seiner Erbauer neuerlich Gehör. Mit starker Resonanz, wie in den Besucherbüchern nachzulesen ist. „The most important place I have been in", notierte ein Besucher aus den USA erst vor Kurzem.

Das Torhaus, in dem sich der Raum der Stille befindet, wurde als Wachhaus für die Soldaten gebaut, die die in die Stadt reisenden Fremden und ihr Gepäck zu kontrollieren hatten. Einer, der hier um 1803 herum Wache schob, war der Dichter Adelbert von Chamisso, später berühmt als der Verfasser des Märchens von Peter Schlemihl. Da Chamisso das Wacheschieben am Brandenburger Tor schrecklich langweilte, lud er seine Dichterfreunde ein. Sie gründeten den „Nordsternbund" und gaben einen Musenalmanach heraus, in dem sie sich aus den Niederungen des Alltags hinwegträumten:

Sie schaun sich in die Herzen, es erkennet
Der Freund den Freund, der Bund ist ernst geschlossen,
Von keines Schicksals Macht wird er getrennet.
Dem niedern Ruf der Wirklichkeit verschlossen,
Vereinen unsere Seelen sich, Regionen,
Wo Wert und Schönheit im Gesange sprossen,
In ewig grüner Jugend zu bewohnen.

Lange war das Brandenburger Tor ein Symbol der deutschen Teilung, heute ist der Pariser Platz ein entspannter Ort für Begegnungen. Ein öffentlicher Raum ohne schreiende Werbebotschaften und Motorengebrüll, aber mit einem stillen Zimmer für vertieftes Nachdenken und Nachfühlen. Hier ist der Stadt etwas gelungen.

Der Rosengarten im Tiergarten
Ein Versteck

p. 19

p. 33

p. 31/
21

Ich habe ihr nie einen Rosengarten versprochen, bei mir geblieben ist sie trotzdem, und als unser Sohn von innen an ihre Bauchdecke klopfte, haben wir geheiratet. Seitdem hatten wir keine Zeit mehr, gemeinsam in den Rosengarten zu gehen. Er bleibt ein besonderer Fleck auf der Lebenslandkarte, denn es war der erste Platz, den meine Frau und ich aufsuchten, nur um zusammen zu sein. Das ergab sich so, als wir in einem Berliner Spätsommer literarische Spaziergänge leiteten. Sie endeten am Brandenburger Tor. Hinterher gingen wir gemeinsam in den Rosengarten, den wir beide schon länger kannten und mochten. Worüber wir geredet haben? Ich weiß es nicht mehr.

p. 31

Der Rosengarten ist ein scheuer Ort, wie geschaffen für Liebespaare, die noch nicht wissen, dass sie welche sind. Er versteckt sich hinter einer undurchdring-

lichen Buchenhecke und hohen Bäumen. Keine der
großen Achsen, die den Tiergarten durchschneiden,
zielt auf ihn. Alle Hauptwege führen an ihm vorbei.
Obwohl ich den Tiergarten gut kenne, hatte ich gele-
gentlich Mühe, einen Eingang in den Rosengarten zu
finden. Die unspektakulären Eisentore lassen nichts
Besonderes dahinter vermuten. „Ruhezone. Radfahrer
bitte absteigen" steht daran. Wozu braucht der Große
Tiergarten eine Ruhezone?

Der weitläufige, von breiten Autostraßen durch-
schnittene Park vor dem Brandenburger Tor ist das
älteste Naherholungsgebiet der Berliner. 1742 ließen
der Architekt Georg Wenzeslaus von Knobelsdorff
und der Hofgärtner Johann Justus Daniel Sello die
Zäune um das vormalige Jagdgebiet und Wildgehege
der preußischen Herrscher abreißen. Seither strömen
die Berliner an schönen Tagen in den Tiergarten und
seither hört man die Klage, er sei so überlaufen, dass
man Schwierigkeiten habe, ein stilles Plätzchen zu
finden.

Es gibt viele lauschige Partien in dem Park, der im
Lauf der Zeit vielfach umgestaltet, mit Rabatten, Sichtachsen, Seen, Inselchen, Bauwerken und einer Vielzahl
von Denkmälern ausgeschmückt wurde. Ein schönes
Revier für Spaziergänge, ob allein oder zu zweit. Durch
seine zentrale Lage ist der Tiergarten aber ebenso
attraktiv für Vergnügungen, die Unruhe, Lärm und
Müll in den Park tragen. Schon drei Jahre nach dem
Fall der königlichen Zäune wurden die ersten Zelte für
den Getränkeausschank am Spreeufer aufgeschlagen.
Hier draußen, vor den Stadttoren, sammelte sich während der Märzrevolution von 1848 die politische Oppo-

sition. In der Kaiserzeit wurden die Siegessäule und eine Siegesallee mit Hohenzollerndenkmälern am östlichen Parkrand errichtet, der gemütliche Reitweg vom Brandenburger Tor nach Charlottenburg zur Hauptverkehrsstraße ausgebaut. Diese Ost-West-Achse bekam zu Hitlers 50. Geburtstag das Format einer Autobahn, auf der bei Bedarf Flugzeuge landen konnten.

Von den rund 200 000 Bäumen des Tiergartens überlebten nur 700 den Zweiten Weltkrieg und die Hungerjahre danach, die Mehrzahl holzten frierende Berliner ab. Auf den Parkwiesen bauten sie Kartoffeln, Gemüse und Grünfutter an. 1949 begann der Senat den Tiergarten wieder in eine Grünanlage zurückzuverwandeln, ein bis heute nicht abgeschlossener Vorgang. Die mühevolle Arbeit der Gärtner und Denkmalpfleger wird immer wieder durch schwere Verwüstungen zunichte gemacht. Das war schon zu Mauerzeiten so, als die Polizei für die jährlichen Militärparaden der Alliierten weite Teile des Parks mit Stacheldraht einzäunte. Nach dem Abzug der Alliierten wummerte die Love Parade um die Siegessäule. Seit der letzten Fußballweltmeisterschaft wird keine Gelegenheit ausgelassen, eine Fanmeile mit Videowänden und Imbissbuden aufzubauen. Alle paar Tage versteckt ein anderer Veranstalter das Brandenburger Tor hinter einer Open-Air-Bühne. An schönen Sommerwochenenden vernebeln Grillschwaden die Sicht, wochentags brausen Wagenkolonnen mit Tatütata zwischen Kanzleramt und Schloss Bellevue hin und her. Der Tiergarten ist ein Park im Dauerstress.

Das alles ist vergessen, sobald man den Rosengarten betritt. Er ist das Paradiesgärtlein in der grünen Hölle.

Kaiserin Auguste Viktoria

Ein Hortus conclusus mit duftenden, farbenfrohen Blumenrabatten. Tausend Rosenstöcke und Stauden sorgen dafür, dass er vom Frühjahr bis in den Spätherbst blüht. Die städtischen Gärtner zeigen hier ihren ganzen Ehrgeiz, da sie halbwegs sicher sein können, dass ihre Arbeit nicht binnen einer Nacht zerstört wird. Der Rosengarten wird abends abgeschlossen, um die Pflanzen vor Ausgräbern, Streunern und feurigen Liebespaaren zu schützen.

Er bleibt ein Geheimtipp. Die meisten gedruckten Reiseführer erwähnen die Existenz des Rosengartens nicht einmal, sie empfehlen als Hauptsehenswürdigkeiten des Tiergartens die vielspurig umbrauste Siegessäule, den Englischen Garten am Hansaviertel, die Luiseninsel im Süden oder den Neuen See unweit des Zoos. Den Liebhabern und Gärtnern des Rosengartens kann das nur recht sein. Die Nichtbeachtung des Rosengartens hat vermutlich damit zu tun, dass ihm die höheren kunsthistorischen Weihen abgehen. Er ist kein Gartendenkmal der Vergangenheit, sondern ein zauberhaftes Patchwork.

Als 1909 an dieser Stelle ein streng symmetrischer Rosengarten eröffnet wurde, da thronte in der Mitte ein Marmorstandbild der Kaiserin Auguste Viktoria zwischen zwei Bassins mit Seerosen. Nach den Kriegsverwüstungen vergingen rund 30 Jahre, bis ein neuer Rosengarten entstand. Vom alten übrig geblieben ist die malerische Ruine der halbrunden Pergola, vor der ein wunderschöner Brunnen steht. Von der flachen Brunnenschale tropft das Wasser auf allen Seiten gleichmäßig zu Boden und hüllt die Steinvase in ein glitzerndes Perlenkleid. Niemand weiß genau, woher dieser Brunnen stammt. Vermutlich wurde er aus dem Hof eines im Bombenkrieg zerstörten Berliner Hauses geborgen.

Am anderen Ende des Rosengartens hat in einem Blumenrondell eine Flora ihren Platz gefunden. Es handelt sich um die Kopie einer Steinskulptur, die seit 1796 einige Hundert Meter entfernt am Floraplatz stand. Im Tiergarten gibt es nur wenige Denkmäler, die ihren Platz nicht irgendwann wechseln mussten. Das gilt auch für die beiden majestätischen Wapitihirsche aus Bronze in der Mitte des Rosengartens. Der Berliner Bildhauer Rudolf Siemering hat sie entworfen. Er gewann 1882 einen internationalen Wettbewerb für ein Washingtondenkmal in Philadelphia. Die Hirsche für Amerika gefielen so gut, dass 1902 Kopien im Tiergarten aufgestellt wurden.

Vor nicht langer Zeit ging ich bei schönem Wetter mit einer Freundin im Tiergarten spazieren. Sie lotste uns zielsicher zum Rosengarten, was mir gar nicht lieb war. Der Ort ist für Erinnerungen an die erste Zeit mit meiner Frau reserviert und das soll so auch bleiben. Als ich aber mit der Freundin den Rosengarten betrat, ließ ihr Interesse an meiner Person schlagartig nach. Sie setzte sich zu den Wapitihirschen und strich mit den Händen über das Fell aus harter Bronze. Etwas schien sie zu irritieren. „Als Kind habe ich die Hirsche gern gestreichelt", sagte sie, „aber irgendwas ist anders als früher." – „Den Rosengarten hat man vor nicht langer Zeit erneuert. Schau mal, die Rost- oder Einschusslöcher in den Hirschfellen sind weg." – „Diese Schufte!", rief die Freundin empört und sprang auf. „Und wo sind die Bisons, auf denen ich geritten bin?" – „Sie stehen am Parkzaun des Bundespräsidenten, hinter Schloss Bellevue. Die stammen auch von dem Siemeringdenkmal." Wir sind dann auf den Bisons geritten und haben in der Nähe eine Knappenfigur aus Bronze wiedergefunden, in die meine Freundin als Mädchen verliebt war. Und diesen schönen Knaben hat sie dann auch wirklich geküsst.

Geschichtspark am Hauptbahnhof
Spazieren hinter Mauern

Die meisten Eisenbahnreisenden kommen gar nicht auf die Idee, den neuen Berliner Hauptbahnhof zu verlassen. Sie steigen um oder bleiben in der riesigen Einkaufspassage gefangen, die der Bahnkonzern um sein hauptstädtisches Schienenkreuz aufgetürmt hat. Kein Fingerzeig darauf, dass gleich am nördlichen Ausgang ein stiller Park auf ruhebedürftige Reisende wartet. Sie müssten nur die viel befahrene Invalidenstraße überqueren und ihre Schritte auf eine sehr hohe und sehr abweisende rötliche Backsteinmauer lenken. Dort markiert ein aufgestelltes Quadrat aus hellem Beton die Schleuse in eine jenseitige Welt.

Hat man den Durchgang passiert und dreht den Kopf zurück, so ragt der Hauptbahnhof über die Ziegelmauer wie ein gigantisches gläsernes Raumschiff, das in der Berliner Geschichtslandschaft notgelandet ist.

Zellengefängnis Moabit

Auf frisch angelegten Rasenflächen erinnern hohe Birken und Robinien – die leisen Eroberer unwirtlicher Stadtbrachen – an die jahrzehntelange Verwahrlosung des Geländes. Eingesessene Berliner kennen es aus Mauerzeiten als Schutthalde, Lagerplatz und Kleingärtnerparadies. Damals sahen Planungen den Bau einer Stadtautobahn über das Gelände vor. Nach der Wiedervereinigung sollte genau hier die Zufahrt des Tiergarten-Tunnels entstehen. Dem zähen Widerstand einiger Bürger ist zu verdanken, dass die Tunneleinfahrt dann doch jenseits der roten Mauer gebaut wurde.

Das Umhergehen zu Erholungszwecken innerhalb der fünf Meter hohen Umfassungsmauer, die den Park an drei Seiten gegen den dröhnenden Verkehrslärm abschirmt, hat Tradition. Im ehemaligen Zellengefängnis Moabit vertraten sich etwa 100 Jahre lang Strafgefangene die Beine, streng nach Vorschrift. Jede Kontaktaufnahme mit anderen Gefangenen war untersagt. Zeitweise mussten sie Mützen mit Schirmen tragen, die beim Verlassen der Zelle heruntergeklappt wurden, damit die Gesichter nicht zu erkennen waren. „Im Spazierhof, wo das Aufklappen des Mützenschirms gestattet ist, muss der Sträfling, wenn ihm ein Anderes nicht besonders erlaubt ist, im starken Schritt an den langen Seiten still auf- und abgehen", heißt es 1872 in einer Beschreibung des Gefängnisses.

Jetzt symbolisiert eine Gruppe von säulenförmig beschnittenen Wacholderbäumchen im nördlichen Bereich der Parkanlage die voneinander isolierten Sträflinge während des Hofgangs. In der Südostecke bildet ein von hohen Betonwänden eingekeiltes Dreieck den winzigen Raum nach, der Gefangenen in der

Isolationshaft zur Verfügung stand. Die Redewendung „im Dreieck springen" soll sich davon herleiten. In den Rasen eingelassene Betonkanten machen den sternförmigen Grundriss der nach dem Zweiten Weltkrieg abgerissenen Zellentrakte sichtbar, eine würfelförmige Betonskulptur in der Mitte markiert das ehemalige „Panoptikum", den zentralen Überwachungsturm, von dem aus alle Zellengebäude einsehbar waren. Als Vorbild hatte die Londoner Strafanstalt Pentonville gedient. Ein ähnlicher, jüngerer Zellenbau auf sternförmigem Grundriss bildet bis heute das Herzstück der nahen Untersuchungshaftanstalt Moabit.

Das 1842 bezogene Zuchthaus an der Invalidenstraße war eine preußische Musteranstalt, in der erstmals der reformierte Strafvollzug umgesetzt wurde. Bis dahin hatte man die Gefangenen in Sammelunterkünften verwahrt, die als Lasterhöhlen und Verbrecherschulen verrufen waren. Damit sollte nun Schluss sein. Das neue Berliner Gefängnis hatte über 500 Einzelzellen. Einsamkeit und Stille sollten die Verurteilten zu besseren Menschen erziehen. Wie eng die Zellen nebeneinander lagen, markiert eine Pflanzung von Blutbuchenhecken an der Hauptachse des Geländes. Ein einzelnes Verlies ist als betretbare Skulptur aus Betonwänden nachgebildet.

Wilhelm Voigt war 17 Jahre alt, als er wegen der Fälschung von Postanweisungen zu zwölf Jahren Haft verurteilt wurde. Der Junge war noch minderjährig und es ging um lächerlich geringe Geldbeträge. Im Moabiter Zellengefängnis saß er von 1866 bis 1869 ein. Später, als alter Mann, wurde er weltberühmt, weil er den preußischen Obrigkeitsstaat zum Gespött der ganzen Welt

Wilhelm Vojt = "Hauptmann von Köpenick", p. 48 "Lebendij tot"

gr. CoGH GmbH

machte. In Hauptmannsuniform kommandierte er am 16. Oktober 1906 einige Soldaten von der Straße weg zum Sondereinsatz, besetzte das Köpenicker Rathaus und brannte mit der Stadtkasse durch. In den Lebenserinnerungen des Hauptmanns von Köpenick trägt das Kapitel über die Jugendjahre in Moabit die Überschrift: „Lebendig tot".

Die finsterste Zeit in Moabit brach an, als in den Kriegsjahren die Wehrmacht und die Gestapo Gegner des Systems im Zellengefängnis festhielten. Wegen Wehrkraftzersetzung war der Panzergrenadier Wolfgang Borchert ein Dreivierteljahr inhaftiert. Während einer Fronttheateraufführung hatte er sich einen Witz über die Durchhalteparolen des Reichspropagandaministers erlaubt. Von früh bis spät hörte er in der Moabiter Zelle eine Frauenstimme, die alle drei Minuten die einfahrenden Züge im nahen Stadtbahnhof begrüßte: „Lehrter Straße, Lehrter Straße". 800-mal am Tag dieselbe Ansage. „Man konnte sie sich vorstellen. Die Singsangfrau. Vielleicht biss sie vor Tollheit beim Küssen. Vielleicht stöhnte sie tierhaft. (Vielleicht stammelte sie: Lehrter Straße, wenn ihr einer unter die Röcke ging?)", heißt es in Borcherts Erzählung „Unser kleiner Mozart". „Und keiner biss ihr die Kehle durch, diese verruchte. Aber nein, aber nie, denn sie sang, die Frau von der Stadtbahn, sang den sentimentalen Weltheimwehsong, dieses blödsinnige unaustilgbare Lied von der Lehrter Straße."

Drei ehemalige Beamtenwohnhäuser sind erhalten, wie Verteidigungstürme einer Burg stehen sie an der Außenseite der Umfassungsmauer. Ein Spruchband zieht sich an der Mauer als weißer Farbstreifen

Albrecht Haushofer

entlang, ausgespart sind Buchstaben in der Farbe des roten Ziegelmauerwerks: „Von allem Leid, das diesen Bau erfüllt, ist unter Mauerwerk und Eisengittern ein Hauch lebendig, ein geheimes Zittern." Ein Zitat aus den „Moabiter Sonetten", die der Schriftsteller Albrecht Haushofer in den letzten Kriegsmonaten in seiner Moabiter Zelle schrieb. Haushofer war Geografieprofessor an der Berliner Universität und arbeitete für das Außenministerium, seit Kriegsbeginn stand er in Kontakt mit verschiedenen Widerstandsgruppen. Nach dem gescheiterten Attentat auf Hitler vom 20. Juli 1944 tauchte er unter, wurde in Bayern gefasst und ins Gefängnis nach Moabit gebracht. „In unseren Zellen rattenhaft verwahrt, / erfahren wir in ganz besondrer Art / den Prall der Bomben wie den Flakbeschuss." Die Gefangenen beobachteten von ihren Zellen aus, wie die alliierten Flieger ihre tödliche Last über der Reichshauptstadt abluden, in einer Mischung aus Todesangst und Hoffnung auf rechtzeitige Befreiung. Ein Wunder, wie Haushofer sich innerlich von allen Bedrückungen frei machte und in kurzer Zeit 80 formvollendete Sonette niederschrieb. Sie handeln vom Gefängnisalltag, vom Geigenspiel der Wächter, vom Turteln eines frei flatternden Spatzenpaares vor dem vergitterten Fenster, speisen sich aus Lebenserinnerungen, dem Studium der Kunst, Geschichte und fernöstlichen Philosophie. Der Häftling bilanziert sein Leben, auch seine Verstrickung ins nationalsozialistische Herrschaftssystem: „Ich kannte früh des Jammers ganze Bahn – / ich hab gewarnt – nicht hart genug und klar! / und heute weiß ich, dass ich schuldig war ..."

In der Nacht vom 23. zum 24. April 1945 holten SS-
Leute den Gefangenen aus seiner Zelle. Die sowjetische
Armee hatte die nördlichen und östlichen Stadtteile
bereits eingenommen und stand kurz davor, den Bela-
gerungsring um das Regierungsviertel zu schließen.
Die SS-Männer trieben 15 Häftlinge über die Invalidenstraße hinweg auf ein dunkles Trümmergrundstück in
Richtung des heutigen Hauptbahnhofs. Dann fielen
Schüsse. Nur ein junger Kommunist überlebte mit
einem Kopfdurchschuss, weil er sich tot stellte. Mit seiner Hilfe wurde Wochen später Haushofers Leiche
geborgen. Bei ihr fanden sich zwölf zusammengefalte-
te, blutbefleckte Blätter, eng mit Bleistift beschrieben:
die „Moabiter Sonette".

Das Zellengefängnis Moabit diente noch bis 1955 als
Haftanstalt, dann wurde es abgerissen und das Gelände
verwahrloste. Mit den Planungen für den neuen Hauptbahnhof geriet es wieder ins Blickfeld. Die Landschafts-
architekten Silvia Glaßer und Udo Dagenbach haben
eine Parkanlage entworfen, die zugleich Gedenkort
und nutzbarer Park für die Bevölkerung ist. Anwohner
führen ihre Hunde aus, liegen auf der Wiese in der Sonne und dösen. Das Gefängnis war Sperrgebiet, der
Öffentlichkeit entzogen. Jetzt kann man sich dort endlich wieder frei bewegen.

Freigelände des Deutschen Technikmuseums
Die Wildnis auf dem Gleisdreieck

Durch die langen Halme der Wildgraswiese streift eine Brise. Pappeln wiegen sich tänzerisch im Wind. Ein Wasserlauf plätschert. Hoch über unseren Köpfen knarrt leise ein weißes Windrad. An der Holländermühle packen wir die Picknickdecke und das Kuchenpaket aus. In Museen ist so etwas sonst nicht erlaubt, auf dem Freigelände des Technikmuseums dagegen durchaus erwünscht. Allerdings finden nur ganz wenige Besucher den Weg in diese abgelegene Ecke des Museumsparks. Mangels Kundschaft hat die Museumsleitung leider ein mit Sonnenkollektoren betriebenes Café wieder abbauen lassen. Kaffee trinken kann man trotzdem, denn das Aufsichtspersonal toleriert es, wenn man sich im Museumslokal am Haupteingang einen Milchkaffee in einen Pappbecher abfüllen lässt und damit durch die Ausstellungsräume in Richtung

Freigelände spaziert. Wären nur alle Museumswärter in Berlin so unkompliziert! Wenn es nach den Kindern ginge, könnte unsere Familie jeden Sonntag im Technikmuseum picknicken. Es ist ein Museum zum Anfassen: Da kann man auf den Führerstand riesiger schwarzer Dampflokomotiven klettern, Holzloren durch einen Schacht schieben, Segel hissen, Modellschiffchen in Bewegung setzen, Visitenkarten drucken, Papier schöpfen oder im „Spektrum" rund 250 naturwissenschaftliche Experimente eigenhändig durchführen. Wie funktioniert der Auftrieb am Flügel eines Flugzeugs? Wie eine Brille, ein Flaschenzug oder ein Luftkissenboot? Was passiert bei einer Sonnenfinsternis? Während die Kinder ihren Spaß haben und spielerisch lernen, nimmt man auch als Erwachsener immer etwas mit, was man noch nicht wusste.

Es gibt keinen Parcours, der durch alle Abteilungen führt, und das ist auch gut so, denn dadurch entsteht nirgends Gedränge. Die Besucher verlaufen sich in der Riesenwunderkammer, eine ruhige Zone ist immer nah. Wer mit seinen Gedanken allein sein will, kann aufs Dach der historischen Brauerei in einem Nebengebäude steigen oder in die Papierabteilung schlendern oder zur Filmtechnik gehen. Oder die Wildnis hinter den Lokschuppen aufsuchen, wo sich die Natur ehemaliges Gleisgelände zurückerobert hat. Bis zum Zweiten Weltkrieg wurden hier Züge gewartet, die vom Potsdamer und Anhalter Bahnhof in Richtung Süden fuhren. In der Zeit der Teilung der Stadt wuchsen Robinien, Birken und Brombeerhecken zwischen verrosteten Schienen und modernden Schwellen. Auf dem Schotter gediehen seltene Pflanzen wie die Weichselkirsche, die eigentlich in felsigen Balkanregionen heimisch ist, oder der Staudenknöterich von der russischen Halbinsel Sachalin. Der Zugverkehr hatte die Sporen und Samen aus der Fremde mitgebracht, die im warmen Stadtklima gut gediehen.

Seit der Eröffnung im Jahr 1983 hat sich das Technikmuseum auf dem verödeten Bahngelände stark ausgedehnt. Ich kenne es noch aus der Zeit, als der Museumspark nicht abgezäunt war. Im ersten Semester an der Uni verlegte eine Kreuzberger Kommilitonin eine germanistische Arbeitsgruppensitzung in die Wildnis; prompt verliebte ich mich (unglücklich) in sie. Später wohnte ich um die Ecke und setzte mich zum Lesen gern zwischen die toten Bahngleise. Mein Studium schloss ich mit einer Arbeit ab, die sich neben anderem mit der Literaturgeschichte des Bahngeländes beschäftigte. Gleisdreieck nennen es die Berliner, seit in der Kaiserzeit die Hochbahn über die riesigen Rangierflächen der ehemaligen Kopfbahnhöfe geführt und eine gleichnamige U-Bahn-Station eröffnet wurde. In seinem zauberhaften Roman „Zoo oder Briefe nicht über die Liebe" beschrieb der russische Emigrant Wiktor Schklowski 1923 das Gleisdreieck als das Berliner Gegenstück zum Hamburger Hafen, ja als das „eiserne Herz Deutschlands". Joseph Roth dichtete ein „Bekenntnis zum Gleisdreieck", dessen „eiserne Landschaft" die Zukunft der Menschheit vor Augen führe. Nach dem Krieg hat Günter Grass einen Gedichtband unter dem Titel „Gleisdreieck" veröffentlicht: „Gleisdreieck, wo mit heißer Drüse / die Spinne, die die Gleise legt, / sich Wohnung nahm und Gleise legt."

Die Wildnis auf den Bahngleisen fühlt sich noch verwunschener an, wenn man weiß, dass sie seit der Mitte des 19. Jahrhunderts eine Hauptschlagader Berlins waren. Im Technikmuseum kann man sich das am besten vergegenwärtigen; dort führen Türen von der Spontanvegetation direkt in die Lokschuppen, in denen die ausgemusterten Dampfrösser schlafen und alte Waggons zu besichtigen sind, darunter der rollende Luxussalon des letzten deutschen Kaisers.

Es gibt weitere stille Orte in der Nähe, die ihren besonderen Charme aus der Vergangenheit als Schienenstrang beziehen. An der Möckernstraße zwischen Tempodrom und Landwehrkanal wurde gerade ein Park gestaltet, dessen Bäume zum größten Teil auf den Gleisen hinter der ehemaligen Halle des Anhalter Bahnhofs gewachsen sind. An der Stelle, an der früher täglich Hunderte von Zügen den Landwehrkanal auf einer Brücke überquerten, hat man einen schmalen Steg für Fußgänger hinüber zum Technikmuseum gebaut. Der größte Teil des Gleisdreieckgeländes südlich des Landwehrkanals soll schon seit Jahren in einen Park umgewandelt werden, doch wie genau er aussehen soll, darüber gibt es Meinungsverschiedenheiten zwischen Anwohnern, Naturschützern und Behörden.

An der Möckernstraße auf Höhe der Hornstraße durfte die Bevölkerung bereits ein Stück ehemaliges Güterbahnhofsgelände nach ihren Wünschen gestalten: Handgebastelte Schilder in mehreren Sprachen erleichtern die botanische Bestimmung der Spontanvegetation, zwischen dem Wildwuchs steht man unerwartet vor einem liebevoll angelegten Gemüsegarten mit Maispflanzen, Kartoffeln, Bohnen und Sonnenblumen. Ein alter Bauwagen dient dem multikulturellen Gemeinschaftsgarten „Rosenduft" als Geräteschuppen. Nebenan baut ein Imker einen Bienengarten und ein Lehmhaus für seine Völker.

Als ich noch in der Gegend wohnte, konnte man auf stillgelegten Gleisen kilometerweit durch die Stadt nach Süden laufen. Das empfiehlt sich nicht mehr, seit wieder Schnellzüge auf der alten Trasse zum neuen Hauptbahnhof rasen. Besser, man fährt mit der S-Bahn von der Yorckstraße bis zur Station Priesterweg. Dort eröffnete 1999 auf einem ehemaligen Rangierbahnhof der Naturpark Schöneberger Südgelände. Technische Relikte wie ein Wasserturm, Signalanlagen und eine Lokomotive sind in die Gestaltung einbezogen. Die Wildnis zwischen alten Gleisen und neuen Spazierwegen ist Heimat für 30 Brutvogelarten, 57 Spinnenarten und 95 spezialisierte Wildbienenarten. Beim Sommerkonzert der Heuschrecken sind der seltene Heidegrashüpfer und die Blauflügelige Ödlandschrecke ebenso dabei wie der Feldgrashüpfer. Biologen sagen, sein Gezirpe erinnere an eine langsam fahrende Dampflok.

Kreuzberg und Viktoria-Park
Weinberg, Wolfsschlucht, Wasserfall

„Es ist sehr leicht, über den Kreuzberg zu spotten und zu
lachen, aber bei Bergen und Menschen kommt es ganz
darauf an, in welcher Umgebung sie sich befinden, wenn
man sie nach ihrem Wert schätzen soll. Der Bürgermeister von Kuhschnappel ist bei sich zu Hause ein großer
Mann, in Berlin aber ein ganz kleiner Provinziale, und
einer von ungeheuer vielen. Ebenso sinkt der Brocken
neben dem Gaurisankar zu einem Maulwurfshaufen
zusammen, und vergleicht man den Brocken wieder mit
dem Kreuzberg, so darf man diesen kaum einen Erdkrümel nennen. Aber der Gaurisankar liegt in Asien, und
der Brocken ist weit, und da nun in der unmittelbaren
Nähe des großen Präsentiertellers, auf den Berlin gebaut
ist, keine größere Erhebung sich vorfindet als der Kreuzberg, so muss er mit seinen sechsunddreißig Metern, die
er über den niedrigsten Punkt dieser Stadt emporragt,

für einen sehr vortrefflichen Berg gelten." Als der Inge-
nieur Heinrich Seidel 1882 seinen Roman „Leberecht
Hühnchen" veröffentlichte, war der Kreuzberg wirklich
der Gipfel von Berlin. Es gab noch nicht die Trümmerber-
ge, die ihm heute den Rang als höchsten Punkt der Stadt
streitig machen, noch keine Hochhäuser, keinen Rat-
haus-, Funk- und Fernsehturm.

Verglichen mit anderen Grünanlagen ist der halb-
rund um den Hügel angelegte Viktoria-Park nicht allzu
weitläufig. Doch was die Berliner aus dem öden Sand-
haufen vor dem Halleschen Tor gemacht haben, bleibt
einzigartig. Auf dem lächerlichen Erdkrümel erschu-
fen sie ein ganzes Mittelgebirge mit sprudelnden Quel-
len, gewundenen Bergpfaden, felsigen Abhängen,
prächtigen Wäldern und sanft abfallenden Wiesen,
einem Nationaldenkmal auf dem Gipfel, Tiergehege
und Tivoli für die durstigen Bergwanderer.

Die Geschichte des Kreuzbergs reicht bis ins Mittelalter zurück. 1290 schenkten Tempelritter den Berliner
Franziskanermönchen eine sogenannte Lehmkute,
also eine Ziegelei, an der heutigen Kreuzbergstraße,
Ecke Katzbachstraße, die Baustoffe für das Graue Klos-
ter lieferte. Kurfürst Joachim I. ordnete 1533 den
Anbau von Wein auf den südlich von Berlin liegenden
Tempelhofer Bergen an, deren höchster der Kreuzberg
war. „Runder Weinberg" nannten ihn die Berliner. Der
Dreißigjährige Krieg und endlich der harte Frostwinter
1739/40 ruinierten die Weinbaukultur um Berlin, von
der noch Straßennamen wie Weinmeisterstraße und
Weinbergsweg in Mitte Zeugnis ablegen. Seither trinken die Berliner lieber die weniger sauren Importwei-
ne aus dem sonnigen Süden.

Versteckt zwischen gründerzeitlichen Mietskasernen, Gewächshäusern und einer Kindertagesstätte gedeihen am Nordhang des Kreuzbergs heute wieder 300 Weinstöcke. Zu Gesicht bekommt man sie am besten vom Gelände der Gärtnerei Hofgrün an der Methfesselstraße 11−12, die auch Stauden verkauft und den Weinberg in Zusammenarbeit mit einem Behindertenprojekt pflegt. Hier wachsen die Trauben für zwei Weine, den weißen „Kreuz-Neroberger" und den „Kreuzberger Blauen Spätburgunder". Sie werden in Wiesbaden und Ingelheim gekeltert und abgefüllt, von dort stammen die ältesten Rebstöcke. 1968 schenkte die Partnerstadt Wiesbaden dem Bezirk Kreuzberg die ersten fünf Riesling-Weinstöcke vom Neroberg. Die jährliche Ernte reicht für einige Hundert Flaschen. Der herbe Tropfen wird bei offiziellen Anlässen im heutigen Stadtbezirk Friedrichshain-Kreuzberg kredenzt, ein Teil gegen eine Spende im Bezirksrathaus an die Bevölkerung abgegeben. Eine Kreuzberger Weinkönigin gibt es auch. Aufgrund der zunehmenden Erderwärmung prophezeien Önologen der Region Berlin-Brandenburg eine Renaissance als Weinbaugebiet.

Zu seinem heutigen Namen kam der Kreuzberg 1821, als auf seinem höchsten Punkt das Siegesdenkmal eingeweiht wurde. Die Befreiungskriege gegen Napoleon lagen noch nicht lange zurück. Als Ansporn für die preußischen Soldaten hatte König Friedrich Wilhelm III. eine neue Kriegsauszeichnung, das Eiserne Kreuz, gestiftet. Dieses Tapferkeitssymbol krönt die filigrane gusseiserne Spitze, die Karl Friedrich Schinkel dem Berg als Siegesdenkmal aufsetzte, und brachte den neuen Namen. Als sich in der Kaiserzeit die Stadt

immer weiter ausdehnte und schließlich die Häuser
die Sicht auf das Denkmal beeinträchtigten, wurde es
mit hydraulischen Pumpen um acht Meter angehoben
und auf einen festungsartigen Unterbau gesetzt. Für
das zartgliedrige Schinkeldenkmal ist dieser Bau
eigentlich viel zu groß, aber ich möchte ihn nicht mis-
sen, denn über die Bäume des Viktoria-Parks hinweg
bietet sich so ein wunderschöner Blick über die Stadt.

Der Landschaftspark um das Denkmal ist in den
Jahren nach 1888 angelegt worden. Ebenso wie der
Friedrichshain, der Humboldthain und der Treptower
Park sollte der Viktoria-Park die Lebensqualität der Berliner heben, die in den Mietskasernen am damaligen
Stadtrand hausten. Gleichzeitig musste das Siegesdenkmal auf dem Kreuzberg eine würdige Fassung
bekommen und in Richtung Stadtmitte hervorgeho-
ben werden. Der städtische Gartendirektor Hermann
Mächtig ließ deshalb in der Sichtachse einen der Natur
nachempfundenen Wasserfall anlegen. Zu Studien-
zwecken reiste er eigens ins Riesengebirge. Im Jahr
1893 war die Kaskade betriebsbereit, wenig später
bekam sie eine elektrische Beleuchtung, die das schäu-
mende Wasser in Sommernächten bengalisch funkeln
ließ.

Schaut man vom Denkmal aus auf den Wasserfall
herab, scheint er in einen schnurgeraden Kanal zu
münden. Das ist die Großbeerenstraße, auf deren
Asphalt die Autos langsam dahintreiben, sodass man
sie in der Dämmerung für Boote mit Signallampen halten könnte. In der Straße dort unten habe ich elf Jahre
gewohnt. Der Kreuzberg war mein Balkon, mein Garten und meine Rettung vor dem Hitzetod. Die Woh-

Golgatha → Tivoli → Schultheiss
1891 Brauerei

nung lag unter einem Flachdach. Schien im Sommer
die Sonne, kühlte dieser Backofen in den Nachtstun-
den nicht ab. War die Freundin zu Besuch, sprühten
wir uns mit Wasserzerstäubern an und versuchten
unter angefeuchteten Bettdecken zu schlafen. War ich
allein, trieb mich die Hitze der Wohnung oft schon vor
Sonnenaufgang in den kühlen Park, hinauf zum Denkmal, in der Hoffnung auf einen Luftzug.

Oben schlug ich vielleicht ein Buch auf und las ein
anmutiges Feuilleton von Robert Walser: „Es ist einem,
als schüttle da eine Riesin ihre Locken und strecke ein
Bein zum Bett heraus, wenn man am frühen Morgen,
noch ehe die Elektrischen fahren, von irgend einer
Pflicht angetrieben, in die Weltstadt hineingeht. Kalt
und weiß liegen die Straßen wie ausgestreckte Men-
schenarme da; man läuft, reibt sich die Hände und
sieht, wie zu den Toren und Türen der Häuser Menschen heraustreten, als speie ein ungeduldiges Ungeheuer seinen warmen, flammenden Speichel aus.“

In manchen heißen Nächten tanzte ich bis in die
Morgenstunden im Golgatha: Ein großer Biergarten im
Südwesten des Viktoria-Parks trägt den Namen der
biblischen Hinrichtungsstätte. Vergnügungen dieser
Art gibt es am Kreuzberg seit 1829. Zwei findige
Geschäftsleute hatten damals die Idee, die patrioti-
schen Ausflügler vom Siegesdenkmal auf dem Kreuzberg direkt in einen Vergnügungspark hinabzulocken,
das Tivoli. Als es abbrannte, baute man eine Groß-
brauerei, die 1891 mit dem Marktführer Schultheiss
fusionierte. Solange ich in der Gegend wohnte, roch es
um das Schinkeldenkmal intensiv nach Hefe und Mäl-
zerei. Mittlerweile ist der Brauereibetrieb eingestellt,

das Firmengelände von Investoren halb in eine Ruinenlandschaft verwandelt, halb zu einem Wohnquartier für gehobene Ansprüche umgebaut.

Die Bierterrassen vom Golgatha grenzen an einen großen Kinderspielplatz und einen Sportplatz. Am Maschinenhaus mit den Pumpen für den Betrieb des Wasserfalls gibt es einen Kinderzoo mit Ziegen und Kaninchen. Das benachbarte Gärtnerhaus an der Kreuzbergstraße 62 war lange ein kommunaler Jugendtreff, bis dem Bezirk das Geld dafür ausging. Damit wieder welches in die Kasse kam, wurde die hübsche Villa an einen Restaurantbetreiber verkauft – die Kreuzberger Jugendlichen hatten das Nachsehen.

Der vielseitige Park zieht jede Menge Menschen an und im Spätsommer verwandeln die „Kreuzberger Festlichen Tage" die große Liegewiese in einen dröhnenden Rummelplatz. Aber an der Parkseite zur Methfesselstraße, an der der Weinberg liegt, fand ich immer einen stillen Winkel. An dieser steilen, lange ungenutzten Flanke des Kreuzbergs war im 19. Jahrhundert eine Art Urwald entstanden. Um eine aufgelassene Kies- und Lehmgrube hatten Eichen, Ahornbäume, Ulmen, Eschen und Rottannen eine stolze Größe erreicht. Stämme und Abhänge waren malerisch von dichtem Efeu überzogen. Die Planer des Viktoria-Parks erkannten sofort den Reiz dieses Wildbiotops, bahnten Wege, legten einen künstlichen Teich in der Talsohle an und gaben dem Ganzen einen wildromantischen Namen: Wolfsschlucht.

Luisenstädtischer Kanal
Ein Engelbecken unterm Todesstreifen

Der Todesstreifen zwischen Ost- und Westberlin war
der stillste Ort der geteilten Stadt. Ich bin sehr gern mit
dem Fahrrad an der Kreuzberger Mauerseite entlangge-
fahren. Man kam dort nie mit den motorisierten Mit-
bürgern in Konflikt. An der erzwungenen Stadtgrenze
wuchsen Birken, Robinien und Wildkräuter, die Kinder
spielten ungestört vor den ungepflegten Häusern, in
denen sich Gastarbeiter, Studenten, Aussteiger und
Künstler ansiedelten. Für die Leute auf der anderen Seite sah das Leben an der Mauer nicht so idyllisch aus: Sie
durften sich den Grenzanlagen nur mit Sondergeneh-
migung nähern. Die Mauer war ein Tabu, über das
nicht offen geredet werden konnte. Für die Eingesperr-
ten ein Trauma. Kein Wunder, dass im ehemaligen
Osten das Bedürfnis, den Verlauf der verschwundenen
Grenze zu markieren und die Erinnerung wachzuhal-

ten, bis heute sehr viel weniger ausgeprägt ist als im ehemaligen Westen.

1963

Der türkische Bauarbeiter Osman Kalin, der 1963 nach Berlin kam, schaute lange aus seiner Kreuzberger Wohnung am Bethaniendamm auf die martialische Grenzbefestigung. Hinter der Mauer aus Betonfertigteilen lag ein baumloser Geländestreifen, teils mit Asphalt und Kopfsteinpflaster versiegelt, teils mit Pestiziden gesättigt, sodass dort nichts wuchs. Ein Elektrozaun und eine zweite Betonmauer schirmten diese gespenstische Todeszone gegen Ostberlin ab. In akkuratem Abstand aufgepflanzte Peitschenlampen tauchten die Grenze nachts in fahles Licht. An der Thomaskirche beschrieb sie eine Viertelkreiskurve nach Norden zur Spree hin. Vor der Rundung lag ein dreieckiger Grundstückszipfel, der eigentlich zu Ostberlin gehörte, aber seit dem Mauerbau nur noch von Kreuzberg aus zu betreten war.

Es muss um das Jahr 1980 gewesen sein, als Osman Kalin beschloss, dieses brachliegende Grundstück vor seiner Haustür urbar zu machen. Er griff zum Spaten, pflanzte einen Gemüsegarten und baute eine Laube. Die Behörden in Westberlin konnten dagegen nichts tun, schließlich stand der Schwarzbau auf dem Hoheitsgebiet der DDR. Eines Tages tauchten schwer bewaffnete Grenzpolizisten auf und fragten, was Kalin da treibe und ob er sich ausweisen könne. „Ausweis ist Papier, aber wir sind Mensch, du Mensch, ich Mensch", sagte Kalin und warf ihnen seinen türkischen Pass vor die Stiefel. Daraufhin zogen die Grenzer wieder ab und Kalin erntete weiter ungestört seine Gurken, Tomaten und Bohnen, bis die Mauer fiel.

Wie fast überall in Berlin wurden die Grenzanlagen in Windeseile abgeräumt und die vormals stillgelegten Straßen wieder für den Verkehr hergerichtet, mit der Folge, dass Kalins Garten heute auf allen Seiten von ordentlich gepflasterten Bürgersteigen und parkenden Autos umgeben ist. Dazwischen wachsen Kraut und Rüben wild durcheinander, schlingen sich Bohnen an einbetonierten Bauzaungittern hoch. Sie halten Gemüsediebe fern, sind aber durchlässig für die entzückten Blicke der Touristen in den vorbeischleichenden Stadtrundfahrtbussen. Kalins windschiefe Hütte ist ein Kulturdenkmal, das haben auch die Behörden erkannt und die widerrechtliche Aneignung von Grund und Boden der DDR legalisiert. Im Juli 2004 ist das Grundstück dem Bezirk Kreuzberg zugeschlagen worden: Dort wollte man dieses Zeugnis der Teilung und der Einwanderungsgeschichte unbedingt erhalten.

Ein hübsches Überbleibsel aus Mauerzeiten am Bethaniendamm ist auch der alternative Kinderbauernhof an der Ecke Adalbertstraße. Sich seine ehemalige Lage neben der Mauer vorzustellen, fällt nicht ganz leicht. Denn an dieser Stelle wurde ein älteres Bauwerk wieder ausgegraben, das tief unter dem Todesstreifen verschüttet lag: der Luisenstädtische Kanal.

Der Schifffahrtskanal entstand 1848 bis 1852 zwischen Landwehrkanal und Spree. Auf ihm kamen die Baumaterialien für die Mietskasernen und Industriehöfe in diesen Teil Kreuzbergs, der noch kaum bebaut war. Später diente der Kanal als Transportweg für das Gewerbe und als schwimmender Marktplatz für die Bevölkerung. Von den „Äppelkähnen", die am Ufer fest-

Karl Barth → Schmuckteich = Spiegelförde
Kathol. Michaeliskirche
Engelbecken / Erzengel Michael

43   Luisenstädtischer Kanal

machten, konnten die Hausfrauen der Luisenstadt
Obst und Gemüse aus dem Umland kaufen.

Wegen des geringen Gefälles zwischen Landwehrkanal und Spree floss der Kanal nur träge, er stank und
verlor außerdem mit dem Ausbau des Schienenver-
kehrs allmählich an Bedeutung. 1926 wurde er teilweise zugeschüttet. Zwischen den ziegelroten Kanalmauern plante der städtische Gartendirektor Karl Barth
einen Grünzug. Einen Meter über dem ehemaligen
Wasserspiegel legte er Schmuck-, Lehr- und Spielgärten
an.

1926

Das große Hafenbecken an der Stelle, wo der Kanal
rechtwinklig abknickte, verwandelte Barth in einen
Schmuckteich, in dem sich die katholische Michaelkirche spiegelte. Der Name Engelbecken geht auf deren
Namenspatron zurück: Von der Kriegsruine der Kirche
wacht der Erzengel Michael über das rechteckige
Hafenbassin. Im Zweiten Weltkrieg fielen weite Teile
der Umgebung in Schutt und Asche. Mit den Trüm-
mern füllte man das Engelbecken und den Kanal bis
auf Straßenniveau auf. Seit dem Mauerbau dehnte sich
vor der Michaelkirche eine trostlose weite Fläche, die
den Grenzpolizisten freies Schussfeld bot. Als die
Grenzanlagen weggeräumt waren, diente sie als wilde
Müllkippe und Standplatz für eine Wagenburg von
Obdachlosen.

Um den Verkehrsplanern, die hier ideales Terrain
für den Bau einer Hauptverkehrsstraße witterten,
zuvorzukommen, ließ der Chef der Berliner Gartendenkmalpflege 1991 eilig Lindenreihen pflanzen, wie
sie einst den Kanal und Barths Grünzug gesäumt hatten. Bei Grabungen stieß man auf alte Treppen, Wege,

Beeteinfassungen und den Sockel des Indischen Brunnens im Rosengarten an der Südseite des Engelbeckens. Nach und nach werden die wiedergefundenen Reste um die fehlenden Teile ergänzt. Man kann dieses Vorgehen deutlich an den roten Kanalmauern ablesen: Die fleckigen Steine am Sockel stammen aus der Erbauungszeit des Kanals, das gleichmäßigere Mauerwerk darüber und die Geländer sind rekonstruiert.

Während neben Kalins Garten der Kanal noch auf Ausgräber wartet, sprudeln im Engelbecken schon wieder Fontänen wie vor dem Krieg. Im ehemaligen Hafenbecken hat ein Café mit Südterrasse und Blick übers Wasser täglich bis Mitternacht geöffnet. Möbliert mit Plüschsofas, Holzstühlen, Bücherregal ist das Lokal halb türkisches Wohnzimmer, halb Studentenkneipe. Junge Deutschtürken sind die Betreiber, die Speisekarte ist international, das Publikum bunt gemischt aus den Milieus, die sich zu beiden Seiten des Mauerstreifens angesiedelt haben.

Zu DDR-Zeiten wurden Wohnungen in den Plattenbauten nahe der Grenze vor allem an Genossen vergeben, die als politisch zuverlässig galten. Mit den Türken und der Alternativszene jenseits der geöffneten Grenze konnten diese Leute zunächst wenig anfangen – das galt auch umgekehrt. Der Abriss der Sperranlagen beseitigte noch nicht die Sperren in den Köpfen. In den letzten Jahren hat ein neuer bürgerlicher Mittelstand um das Engelbecken herum Gelände gewonnen. Die Plattenbauten wurden saniert, neue Wohnhäuser und ein Einkaufszentrum errichtet, auf der Kreuzberger Seite die heruntergekommenen Häuser von pfiffigen Maklern herausgeputzt und mit hohen Gewinnen

weiterverkauft. Die Verbürgerlichung der Luisenstadt
sehen die verbliebenen Kreuzberger Radikalen allerdings nicht gern. Der Buchhändler und Verleger Wieland Giebel, der in einer Wohnung mit Blick aufs
Engelbecken lebt, erzählt auf seinem Balkon von zer-
stochenen Reifen und Brandbomben unter seinem
Auto. Giebel hatte sich 2003 in einer Bürgerinitiative
engagiert, die sich gegen die Ansiedlung eines Heims
für unheilbar Alkoholkranke am Engelbecken wandte.
Die Massenverwahrung von Sozialfällen in dieser
Gegend durch eine Privatfirma hielt Giebel für keine
gute Idee. Als Autonome zu einer Demo vor seiner
Haustür aufriefen, zog er sich aus der Bürgerinitiative
zurück. Giebel fühlte sich missverstanden und wollte
gerne am Engelbecken wohnen bleiben.

Das Alkoholikerheim hinterlässt Spuren in der
Nachbarschaft. Das Becken des Indischen Brunnens
dient nun als zauberhafteste Bierkühlungsanlage von
Berlin. Obenauf thront eine zarte Bronzefigur im Lotossitz, eine Meditierende oder eine indische Göttin. Sie
wendet ihr Antlitz dem christlichen Erzengel Michael
auf der Kirchenruine am anderen Ende des Bassins zu.

Die chinesische Botschaft ist nicht weit und hat in
der Gegend Wohnungen für Mitarbeiter gekauft. Wenn
Wieland Giebel morgens aus dem Fenster schaut, sieht
er am Engelbecken viele Leute Tai-Chi-Übungen
machen. Gejoggt wird am Kanal rund um die Uhr. Wer
hätte sich das alles träumen lassen, solange die Mauer
noch stand? Als habe der Luftzug eines Engels den Ort
gestreift, wurde das Unwirkliche real, eine betonharte
Wirklichkeit löste sich in Nichts auf. Zwischen den rauschenden Fontänen des Engelbeckens kurvt ein

Modellboot, ferngesteuert von einem Jungen auf der Terrasse des Cafés. Weiße Sonnenschirme und zwei ausgewachsene Palmen in Riesentöpfen nähren die Illusion, man sitze am Hafenbecken einer südlichen Stadt. Liebespaare liegen am Wasser, schauen dem Boot zu und träumen sich sonst wohin. Männer mit prall gefüllten Alditüten schlurfen in Richtung Alkoholikerheim. Mir sind sie allemal sympathischer als Soldaten mit Schießbefehl.

Rangfoyer des Deutschen Theaters
Vor der Premiere

Nicht nur <u>Schauspieler</u> haben <u>Lampenfieber</u> vor einer <u>Premiere</u>. Auch als <u>Theaterkritiker</u> ist man manchmal sehr nervös. Vielleicht war keine Zeit, das Stück zu lesen, weil irgendein Termin dazwischen kam. Oder dem Stück eilt der Ruf exzessiver Gewalttätigkeit voraus. Oder der Regisseur des Abends ist bekannt dafür, dass er kein Ende findet. <u>Oder</u>, oder, oder. *stream*

Es hilft alles nichts, du musst jetzt <u>ein ganz wacher Zuschauer sein</u> und <u>morgen Mittag einen möglichst klugen, schönen und gerechten Text an die Redaktion</u> schicken. Auch wenn dir schon vor der Premiere der Schädel brummt, die Augen brennen, du erst weit nach Mitternacht ins Bett kommen und <u>vor Sonnenaufgang von den Kindern geweckt werden wirst</u>.

In einer <u>halben Stunde</u> beginnt die <u>Premiere</u> am <u>Deutschen Theater</u>. Einen Ort zu finden, um sich zu sammeln, ist nicht so einfach. Vor dem Theater, im Theater – überall sind Leute, mit denen ich jetzt nichts zu tun haben will. Eine Möglichkeit: Rasch die Karte an der Kasse abholen und zu Emil gehen.

Emil, so heißt ein Kellerlokal in der Schumannstraße 15, gleich neben dem Theatervorplatz. Dort kann man in Ruhe einen starken Espresso trinken oder eine Schmalzstulle verzehren und dabei das Programmheft studieren. Ich habe mich noch nie länger mit dem Gastwirt und seiner Frau unterhalten, aber ich mag sie sehr, weil beide aussehen wie Emil Tischbein und Pony Hütchen, nur ein wenig in die Jahre gekommen. In einer Nische des gemütlichen kleinen Lokals steht eine Erich-Kästner-Gesamtausgabe. Und wer es genau wissen möchte, der kann dort in „Emil und die Detektive" nachlesen, dass im selben Haus die Großmutter von Emil Tischbein wohnte.

Auch Erich Kästner hat sich in Berlin lange mit dem Schreiben von Theaterkritiken über Wasser gehalten. „Können Sie sich das vorstellen, wie das ist: fast jeden Abend ins Theater gehen. Berlin hat etwa dreißig Bühnen. Und wenn jede von ihnen im Monat nur eine Premiere hat, ist schon jeder Abend ausgefüllt. An manchen Abenden verstopft sich das Programm geradezu. Dann liegen für drei und vier Theater Billets auf meinem Schreibtisch, und es bedarf der raffiniertesten telefonischen Manöver, bis alles geregelt ist", berichtet Erich Kästner 1929 den Lesern der „Neuen Leipziger Zeitung". Nebenan im Deutschen Theater hat er die Uraufführungen des „Hauptmann von Köpenick" und der „Geschichten aus dem Wienerwald" gesehen. Über das Berlin der 20er-Jahre schrieb Kästner

einmal: „Hier ähnelt die Welt nicht etwa nur einer
Bühne, sondern der Drehbühne. Da muss man zur selben Zeit stehen und laufen können, sonst verschwin-
det man spurlos im Hintergrunde ..." Stimmt immer
noch.

Neulich habe ich einen noch stilleren Ort entdeckt,
um mich auf Premieren einzustimmen. Früher wurden
im Rangfoyer des Deutschen Theaters vor jeder Vorstellung belegte Brote, Sekt und ein schwer genießbarer
Kaffee verkauft. Seit einer Weile aber bleibt der Aus-
schank meist geschlossen. Eine Etage tiefer in den Kam-
merspielen lockt stattdessen eine neumodische Bar.
Der festliche Saal im ersten Stock ist zum Geisterschloss
geworden. Die Marmortischchen unter den großen
Kronleuchtern sind verwaist, auf den grün gepolsterten
Sitzbänken könnte man die Vorstellung unbemerkt verschlafen. Klassizistische Pilaster rahmen den Saal ein,
die Deckengemälde lenken den Blick in einen hellblau-
en Himmel mit weißen Wolkentupfen. Schwalben flie-
gen dort oben, zarte Rosen neigen sich dem Betrachter
entgegen.

Der Ort wirkt so verwunschen, dass die meisten, die
sich auf der Suche nach einem Getränk hierher verir-
ren, auf der Schwelle umkehren. Nur eine Lesende und ein Schreibender haben Platz genommen. Es
ist so still, dass jeder Schritt auf dem Parkett dröhnt.
Niemand spricht, während das dumpfe Stimmen-
gemurmel aus dem Eingangsbereich unten an Dichte
gewinnt.

Durch hohe offene Fenster kann ich auf den Vorplatz hinabschauen. Es riecht dort nach Bratwurst,
und ich sehe sie nun alle eintreffen, die wichtigen und

wichtigtuerischen Premierengäste. Links und rechts von der Fensterfront sind zwei doppelflügelige Türen. „Kein Durchgang" steht auf Messingschildern. Aber nun öffnen sie sich und ein reger Durchgangsverkehr beginnt. Der Intendant hinkt hustend von der rechten zur linken Tür, er kommt sicher aus dem Direktionszimmer und nimmt den kürzesten Weg zu den Garderoben, um den Schauspielern das Beste zu wünschen. Jüngere Leute, die ich alle nicht kenne, laufen zwischen den Türen hin und her. Es ist wie eine Privatvorstellung, sie erinnert mich an Handkes Stück „Die Stunde da wir nichts voneinander wussten", das ich mal im Hamburger Thalia Theater sah. Den ganzen Abend liefen die Schauspieler stumm über die Bühne. Unvergesslich.

Ein fein geschnittener Kopf mit vollen Lippen und großen Tränensäcken unter den Augen beobachtet mich. Aus rötlichem Stein gehauen steht er auf einem weißen Holzsockel. Obwohl die Augen keine Pupillen haben, scheinen sie ihren Gegenstand konzentriert zu erfassen. Ein ungewöhnliches Schauspielerporträt, frei von jeder Theatralik. Joseph Kainz gehörte 1883 zu den Gründungsmitgliedern des Deutschen Theaters, er hat hier Hamlet und Don Carlos gespielt. Später ging er ans Burgtheater nach Wien. „Schauspieler ohne Maske" nannte ihn Hugo von Hofmannsthal in seinem Nachruf:

Ein Unverwandelter in viel Verwandlungen,
Ein niebezauberter Verzauberer,
Ein Ungerührter, der uns rührte, einer
Der fern war, da wir meinten, er sei nah.

Diese noble Erscheinung sähe ich gern einmal auf der
Bühne. So wie diese blicklos tiefblickende Steinfigur
möchte ich schauen. Und während ich ins Träumen
gerate, zerreißt ein brutales Schulhofgeklingel die
Halbstille, was mir sagt, dass nun das Abendpersonal
die Türen zum Zuschauerraum öffnet.

Vom Café Achteck zur City-Toilette
Stille Örtchen

Was haben das Rote Rathaus, das Deutsche Historische Museum und die alte Staatsbibliothek gemeinsam? Sie liegen in Mitte, richtig, und jeder Tourist kann dort ungeniert reingehen, wenn er mal muss. Gut zu wissen, denn die Ausstattung der Hauptstadt mit stillen Örtchen lässt zu wünschen übrig. Wegen der Finanznöte der Stadt sind seit der Wiedervereinigung die meisten öffentlichen Bedürfnisanstalten geschlossen worden. Ersatzweise durfte das Werbeunternehmen Wall überall kostenpflichtige High-Tech-Klos aufstellen. Hauptsache, die Stadt wurde die Kosten für die Bedürfnisbefriedigung ihrer Bewohner los! Schon aus Protest gegen die grassierende Privatisierung öffentlicher Aufgaben ist der Besuch der Rathaustoiletten Bürgerpflicht.

Die City-Toiletten von Wall sind freilich sauberer und technische Wunderkammern. Haben sich die

Automatiktüren sanft geschlossen, dringt kein Laut ins Innere. Meditative Synthesizermusik säuselt. Im Kunstlicht zwischen blitzblanken Armaturen und elektronischen Kommandotasten kommt man sich vor wie in einer Raumkapsel, weit, weit weg von Berlin und allem irdischen Getriebe. Eine halbe Stunde bleibt man völlig ungestört, ehe die Türen sich automatisch öffnen. Eine halbe Stunde absoluter Ruhe für 50 Cent mitten in Berlin ist nicht teuer bezahlt.

Etwas unheimlich ist es schon. Man ahnt, zu welchem Roboterleben die Toilette fähig ist, sobald man sie verlassen hat. Dann klappt der Fußboden automatisch hoch, feine Düsen verspritzen Reinigungs- und Desinfektionsmittel. Was, wenn der Automat doch mal verrücktspielt und loslegt, während man sich noch entspannen möchte? Draußen würde bestimmt keiner die Hilferufe hören. Moderne Zeiten, moderne Ängste.

Öffentliche Toilettenanlagen gibt es in Berlin seit knapp 150 Jahren. Der hygienische Fortschritt war eine bürgerliche Errungenschaft, die sich die Berliner im 19. Jahrhundert zäh erkämpften. An den mächtigen Polizeipräsidenten richteten sie den Spottvers: „Ach lieber Vater Hinkeldey, mach uns für unsere Pinkelei doch bitte einen Winkel frei!" Nach jahrelangem Tauziehen im Magistrat und Behördenapparat ging 1863 die erste öffentliche Bedürfnisanstalt in Betrieb. Sie stand vor dem Anhalter Bahnhof auf dem Askanischen Platz. An der Bahnhofsruine gibt es heute kein Pissoir mehr, daher an dieser Stelle ein kleiner touristischer Tipp: Der nahe Martin-Gropius-Bau ist nicht nur wegen großartiger Ausstellungen, sondern auch wegen seiner

Toilettenanlagen im Keller als Halteplatz von Touristenreisebussen beliebt.

Die ersten Toilettenhäuschen – kleine Blechkabinen mit Glasdach und Lüftungshaube – boten zwei Männern Platz zum diskreten Wasserabschlagen. Für belebte Plätze und Straßen erwies sich dieses Serienmodell bald als zu klein. 1879 erschien die erste „siebenständige Bedürfnisanstalt" auf der Bildfläche, von den Berlinern liebevoll „Café Achteck" genannt. Die filigrane Eisenkonstruktion ließ sich leicht aufbauen und zierte Straßenzüge und schmucke Parks. Ein Stadtmöbel im wahrsten Sinne des Wortes: Statt einer Tür schirmte ein dünner Paravent aus Blech und Gusseisen den Blick ins Innere ab. Stetiger Luftzug und unablässig an den Wänden herabfließendes Wasser sollten die Ballung unangenehmer Gerüche verhindern. Die grünen Pavillons, von denen es 1911 bereits 139 Exemplare gab, wurden zu einem Wahrzeichen der Reichshauptstadt. Mangelnde Wartung und Pflege ließen sie im Lauf der Jahrzehnte zu stinkenden Rostlauben verkommen. Fast alle wurden nach dem Zweiten Weltkrieg abgerissen, wenige im Zuge der historischen Stadtbildpflege restauriert: am Chamissoplatz und am Hohenstaufenplatz in Kreuzberg, an der Huttenstraße und am Stephanplatz in Moabit, an der Utrechter, Ecke Malplaquetstraße im Wedding oder dem Senefelderplatz in Prenzlauer Berg.

Das „Café Achteck" war den raschen Verrichtungen der Männer vorbehalten, die sonst gern in Grünanlagen vollzogen werden. Da Männer meist nicht einsehen, warum sie dafür zahlen sollen, erfolgte der Betrieb der Pissoirs auf Kosten der Allgemeinheit. Für zeitraubendere Bedürfnisse und weibliche Kunden errichteten Privatunternehmer Toilettenhäuschen, deren Bauweise sich an den kommunalen Anlagen orientierte. Hier musste die Kundin in die Tasche greifen und der Pächter zehn Prozent des Umsatzes an die Stadtverwaltung abführen. Die Betreiber sollten, wie es 1896 heißt, „gegen festgesetzten Tarif ihre Anstalten stets in sauberem und ordnungsmäßigem Zustande dem Publicum zur Verfügung halten; außerdem liegt ihnen noch die Verpflichtung ob, in jedem Abortgebäude je zwei mit besonderem Eingange versehene Zellen dem weiblichen Geschlecht zur freien Benutzung zu überlassen." Wie die Mietshäuser der Kaiserzeit besaßen die Klohäuschen einen herrschaftlichen und einen Dienstboteneingang, einen kostenpflichtigen für die wohlhabenden Berlinerinnen und einen kostenlosen für die armen Mädchen.

Derzeit stehen in Berlin rund 30 öffentliche Bedürfnisanstalten aus den Jahren 1885 bis 1930 unter Denkmalschutz, einige restauriert, andere in desolatem Zustand oder zu Cafés und Schnellimbissen umgebaut. Je nach Umgebung als Fachwerkhäuschen verkleidet (wie am Perelsplatz), mit expressionistischem Ziegelmauerwerk dekoriert (wie die Grunewaldbaude an der Clayallee) oder als elegante Stahl-Glas-Konstruktion im Stil der Neuen Sachlichkeit (wie der Kiosk mit Wartehalle und Toilettenanlage vor dem Friedenauer Rathaus). Immerhin: Solche Zweckbauten werden als Beitrag zur Stadtbaukunst inzwischen ernster genommen und pfleglicher behandelt.

Aus dem alten Rom wird berichtet, dort habe es an jeder belebten Straßenecke eine Bedürfnisanstalt gegeben. Die gehobene Gesellschaft traf sich in Luxuslatrinen mit Marmorbänken, Fußbodenheizung, Mosaiken, Säulen und aller erdenklichen Pracht. Man tratschte und schloss Geschäfte ab, womöglich stammt daher der Begriff „sein Geschäft machen". Das alte Rom war halt eine Weltstadt. Als die Mauer fiel, träumte auch Berlin davon, der Nabel der Welt zu sein. Die landeseigene Bankgesellschaft heizte mit günstigen Krediten den Bauboom an und trieb die Kommune durch dubiose Immobiliengeschäfte fast in die Pleite. Gleich neben dem „Raum der Stille" am Brandenburger Tor baute sie das Haus wieder auf, in dem bis zu seinem Tod der Maler und Akademiepräsident Max Liebermann wohnte. Jetzt residiert dort eine gemeinnützige Kulturstiftung, eine Tochter der Bankgesellschaft, und organisiert Ausstellungen. Oben gibt sich das Haus nicht allzu prunkvoll, aber wenn die Besucher zu den Publikumstoiletten hinabsteigen, werden sie von Wänden mit Blattvergoldung empfangen.

Vergangenen Sommer eröffnete die Firma Wall eine spiegelblanke neue Bedürfnisanstalt für eine größere Kundenzahl unter dem Alexanderplatz. Selbst der Regierende Bürgermeister kam zur feierlichen Einweihung. Die Hochhäuser, die am Alex seit einem Jahrzehnt geplant sind, damit es schön nach Metropole aussieht, lassen indes weiter auf sich warten. So gut gehen die Geschäfte nicht in Berlin. Beim Geschäft unter dem Alex sieht es schon ein bisschen besser aus, halt genau so, wie sich die Metropolenplaner der Nachwendezeit ihr blitzsauberes Berlin erträumten.

Berliner Unterwelten
Fledermäuse und Maulwürfe

Bei Einbruch der Dunkelheit sind sie plötzlich da. Flatternde Schatten, die auf den Balkon zurasen wie kurzsichtige Geisterfahrer. Kurz vor dem Aufprall auf die Hauswand bremsen sie abrupt, wechseln die Richtung und sind schon wieder in der Dämmerung verschwunden. Die schrillen Schreie, mit denen die unheimlichen Nachtschwärmer ihre Beute orten, hören Menschenohren nicht.

Berlin ist eine Fledermausmetropole. Die Säugetiere fühlen sich in der Stadt wohl. Sie verschlafen die Tage in Kellern, auf Dachböden, in Baumspalten und stillgelegten Industriegebäuden. Nachts gehen sie auf Insektenjagd. Die vielen Gärten und Grünanlagen in Berlin sind ein reich gedeckter Tisch für Mücken- und Käferfresser. Manche Arten verbringen nur die Wintermonate in der Stadt. Größtes Fledermaushotel ist die

Zitadelle Spandau, Naturschützer haben bis zu 11 000 Tiere gezählt, die dort Winterschlaf hielten.

Der Senat sorgt für das Wohlbefinden der Nachtschwärmer. So wie es ein Quartiersmanagement für bedrohte Menschenkieze gibt, so gibt es ein Winterquartiersmanagement für Fledermäuse. Davon profitieren nicht allein die Zwergfledermäuse, die so winzig sind, dass sie mit zusammengefalteten Schwingen in eine Streichholzschachtel passen. In Berlin vermehren sich auch seltener gewordene Arten wie das Große Mausohr aus der Familie der Glattnasen.

Ein beliebtes Fledermausquartier ist der Bunkerberg im Humboldthain. In Serpentinen führen Parkwege hinauf, für Berliner ein ungewohnter Anstieg. An der steilen Betonflanke zum S-Bahn-Graben trainieren Alpinisten und Extremsportler das Klettern in der Vertikalen: Anseilen ist hier Pflicht. Auf dem Gipfel kann man im Halbschatten stattlicher Platanen verschnaufen. Oder das Stadtpanorama von zwei Aussichtsplattformen genießen. Erstaunlich, wie viele Kuppeln Berlin besitzt. Die runde Kugel des Fernsehturms, die grüne Domkuppel, die golden blitzende der Neuen Synagoge, die beiden Türme am Gendarmenmarkt, die Kuppel des Reichstags und das glänzende Dach des Hauptbahnhofs. Und seltsam nah ragt der etliche Kilometer entfernte Teufelsberg mit seinen kugelförmigen Abhöranlagen über die Dächer. Ein Relikt des Kalten Krieges, unter dem ein Nazibau begraben liegt: der Rohbau der Wehrtechnischen Fakultät. Flugzeuge im Sinkflug schweben wie in Zeitlupe über die Häuser, um sanft in Tegel aufzusetzen. Jenseits geht die Stadt in Wälder über, am Horizont rotieren weiße Windräder.

Still liegt die Stadt den Ausflüglern zu Füßen. Nur
die S-Bahnen tief unten keuchen metallisch und quiet-
schen auf ihren Gleiskurven. Im Zweiten Weltkrieg
brüllten und tackerten auf den Aussichtsplattformen
im Humboldthain die schweren Geschütze der Flugab-
wehr. Sie sollten die feindlichen Flieger vom Himmel
holen und wurden selbst gnadenlos bombardiert. Den
friedlichen Volkspark, die ganze Umgebung verwandelte der Krieg in ein einziges Trichterfeld. Aus dem
Chaos ragte unerschütterlich der gigantische Beton-
klotz, den Hitler im Winter 1941/42 als Verteidigungs-
stellung errichten ließ. Auf einer Grundfläche von 70
mal 70 Metern, 40 Meter hoch, an den Ecken mit vier
Plattformen für Geschütze versehen, bot der Hochbun-
ker 15 000 Zivilisten vor Bombenangriffen Schutz.

Nach dem Krieg scheiterten mehrere Versuche, das
Monstrum zu sprengen und abzuräumen. Nur die eine
Seite zum Park hin sackte zusammen und wurde unter
Trümmerschutt und Erde verborgen. Wagemutige, die
ins verbotene Innere des Berges vordrangen, stürzten
in schwarze Abgründe, manche bezahlten die Neugier
mit dem Leben. Mehr Glück hatten die Brüder Dietmar
und Ingmar Arnold: Als Schüler buddelten sie heimlich mit Klappspaten einen Durchschlupf in den Bunker und fanden als stolze Besitzer einer Panzerfaust
wieder heil heraus. Im wiedervereinigten Berlin gründeten die Brüder den Verein Berliner Unterwelten.
Heute erforschen die rund 250 Mitglieder die unterirdische Stadt und bahnen ganz normalen Spaziergän-
gern den Weg in den Untergrund. Sie bauten einen
sicheren Zugang in den Bunker im Humboldthain und
bieten seit 2004 Führungen an. Allerdings nur im Som-

mer, denn die Winterruhe des Fledermausquartiers soll nicht gestört werden.

Eine Treppenspirale schraubt sich in die Tiefe, immer an der Innenwandung einer gewaltigen Betonröhre entlang. In der Mitte schaut man 30, 40 Meter tief hinunter bis auf die geröllbedeckte Sohle des Bunkers. Die oberen beiden Etagen sind einigermaßen bequem begehbar, wer tiefer hinein will, kann sich für eine Extremtour anmelden, sofern er volljährig ist und über sportliche Fitness verfügt. Mit Bergstiefeln, Schutzhandschuhen und Helmen geht es auf verborgenen Nebenwegen bis ins ehemalige Tiefgeschoss. Dort unten gibt es ein klares Gewässer, das die menschlichen Maulwürfe liebevoll ihren „Bergsee" nennen. Aber auch von oben bietet der größte zugängliche Bunker Berlins unvergleichliche Raumerlebnisse. Fingerdicke Stalaktiten hängen von der Decke, an manchen Stellen tropft es. Man fühlt sich winzig zwischen den mehrere Meter dicken Stahlbetonwänden. An manchen Stellen sind sie ganz zerbröselt, man kann durch das Skelett der rostigen Stahlarmierungen durchgucken. Die Gewalt der Sprengungsversuche hat tonnenschwere Streben aus dem Lot gerückt. Das Dach des halben Bunkers hängt schräg und bildet eine Riesenhöhlung über einer Schutthalde aus Ziegelsteinen. Der Zyklopenbau wirkt zugleich massig und fragil wie ein Kartenhaus, das ein Windstoß teilweise zum Einsturz gebracht hat.

Die Fledermäuse bleiben meist unsichtbar. Sie kennen ihre eigenen Wege durch das von Menschenhand geschaffene Labyrinth.

Der Berliner Untergrund war lange Jahre eine Tabuzone. Die Berliner erinnerten sich nicht gern an die angstvollen Bombennächte in Kellern, Bunkern und U-Bahn-Schächten. Bei den Führungen werden die verschütteten Erinnerungen wieder wach, die älteren Leute fangen an zu erzählen. Im Eingangsbereich des Bunkers hängt eine Zeichnung von dem Bau aus der Kriegszeit. Kinder, die während der Bombennächte im Bunker geboren wurden, bekamen solch ein Bild als Erinnerungsblatt mit auf den Lebensweg. Eine Berlinerin hat das Bild aufgehängt und sucht auf diesem Wege den Kontakt zu Schicksalsgenossen, die ebenfalls hier zur Welt kamen.

Wenn irgendwo in Berlin Baugruben ausgehoben werden, kommen oft die Hinterlassenschaften des Krieges ans Licht: alliierte Blindgänger, die Überreste am Straßenrand verscharrter Soldaten, von den Verteidigern der Reichshauptstadt weggeworfene Pistolen, Patronen, Stahlhelme oder Parteiabzeichen. Solche Zeitzeugnisse sind in dem weitläufigen Museum zu sehen, das der Verein Berliner Unterwelten binnen weniger Jahre in einem dreistöckigen Bunker am U-Bahnhof Gesundbrunnen eingerichtet hat, ein paar Fußminuten bergab vom Eingang des Flakbunkers im Humboldthain. Die Bunkereinrichtung mit Stockbetten, Belüftungsanlagen, Leitzentrale und Sanitätsraum ist teilweise rekonstruiert, aber auch auf zivile Aspekte der unterirdischen Geschichte Berlins wird hingewiesen: Brauereikeller, Kanalisation, Rohrpost, U-Bahn-Bau.

Unter dem Pflaster liegt der Strand, lautet ein alter Spontispruch. Das stimmt nur halb. Wie die Straßenbäume treibt auch die steinerne Stadt immer tiefere Wurzeln in den märkischen Sand.

Krematorium im Wedding
Ruheplatzstraße

Durch die Stille Straße fahre ich alle paar Tage mit dem Fahrrad, sie ist eine langweilige und meist menschenleere Allee, aber ein sehr begehrter Bauplatz, weil die Grundstücke sich an einer Seite mit dem weitläufigen Park von Schloss Schönhausen berühren. In dem Schlösschen residierte vor 250 Jahren Elisabeth Christine, die Gattin Friedrichs des Großen. Als Goethe im Mai 1778 Berlin besuchte, stattete er der Königin einen Höflichkeitsbesuch ab. Später residierte hier Wilhelm Pieck, der einzige Staatspräsident der DDR, und nach seinem Tod diente das Schlösschen als Gästehaus der Regierung. So kam der Revolutionsführer Fidel Castro in unsere Gegend. Er soll sportlich mit dem Fahrrad durch die Stille Straße gekurvt sein. Fast wäre ein paar Jahre nach der Wiedervereinigung auch der Bundespräsident unser Nachbar in Pankow geworden, aber

wegen giftiger Substanzen im Dachstuhl kam es dann
doch nicht dazu. Derzeit wird das Schlösschen aufwen-
dig dekontaminiert und saniert. Wenn es als Museum
hergerichtet ist, wird es ein lohnendes Ausflugsziel
sein. Ich selbst verbinde mit den wunderschönen Rie-
senplatanen im Schlosspark und mit der Stillen Straße
vor allem schöne Erinnerungen an die ersten Monate
mit meinen Kindern, die ich dort oft im Kinderwagen
in den Schlaf geruckelt habe.

Die Ruheplatzstraße im Wedding habe ich erst
kürzlich entdeckt. Mit dem Fahrrad wollte ich ins
Warenhaus am Leopoldplatz fahren, um eine Hose zu
kaufen, da stellte sich mir das Straßenschild in den
Weg. Man kann kein Buch über die stillen Winkel in
Berlin schreiben, ohne sofort in die Ruheplatzstraße
einzubiegen.

Einwandererkinder spielen auf dem Bürgersteig vor
Mietshäusern aus der Westberliner Mauerzeit. Eine
eingezäunte Grünanlage mit stattlichen Bäumen und
dichtem Buschwerk gibt sich erst auf den zweiten Blick
als Friedhof zu erkennen. Er ist unübersichtlich und
verwachsen, fast ein Labyrinth, mit kleinen Grabstätten: ein Urnenfriedhof. Große Lücken zwischen den
Gräbern verraten, dass weit seltener als früher Beerdi-
gungen stattfinden. Frische Blumen liegen nur auf
einem Rasenstreifen für anonyme Bestattungen.

Als ich den schlichten Gemeinschaftsgrabstein foto-
grafiere, setzt sich ein Falter auf meine von der Sonne
beschienene Schulter. Er sucht die Wärme. Der
Schmetterling, uraltes Symbol des Übergangs von
einer Lebensform in eine andere, ist manchmal auf
Grabsteinen anstelle eines Kreuzes eingemeißelt. Hin-

ter einer Hecke leuchtet es bunt. Ich biege in die nächste Grabreihe ein und stehe vor einer Grabstelle mit
frisch ausgestreutem Rasensamen, umringt von niedlichen Stofftieren, Holzfigürchen, Plastikblumen,
Windrädchen, Laternen und mit Abschiedsbotschaf-
ten beschriebenen Kieselsteinen. Hier haben andere
Eltern ihre Hoffnungen begraben. „Obwohl man sagt,
Ihr habt / noch nicht gelebt / sind Eure Spuren / in unseren Herzen", steht auf einem Grabstein.

Der Name Ruheplatzstraße ist etwa so alt wie der
Begräbnisplatz, der 1828 eingeweiht und später um
einen Armenfriedhof erweitert wurde. Die Stadtgemeinde Berlin beerdigte hier die Toten, für die sich keine Angehörigen und keine Kirchengemeinde zustän-
dig fühlten. Ich habe nachgerechnet: Es sind weit mehr
Menschen bestattet worden, als er Quadratmeter zählt.

Vor dem Ersten Weltkrieg begann die Stadt, das
Gelände in eine Grünanlage für die Bewohner der
umliegenden Mietskasernen umzugestalten. Auf
einem Teil des Friedhofs errichtete ein Verein, der sich
für die in Preußen damals noch verbotene Feuerbestattung einsetzte, ein Kolumbarium, in dem die Urnen
der außer Landes eingeäscherten Toten aufbewahrt
werden sollten. Ein Krematorium ging 1912 in Betrieb,
nachdem Preußen als letzter Teilstaat im Deutschen
Reich diese Bestattungsart legalisiert hatte. Da sie sehr
gefragt war und das Kolumbarium die Urnen nicht
fasste, wurde das Nachbargelände statt zum Park zum
Urnenfriedhof umgewidmet.

Das Krematorium ist seit 2003 stillgelegt, das
Kolumbarium – der Eingang befindet sich an der
Gerichtstraße – bleibt geöffnet, leert sich jedoch all-

mählich, weil die Aufbewahrungsfristen vieler Urnen ablaufen. Greife wachen über den Eingang in den achteckigen Innenhof der Anlage. Da die Kirchen die Feuerbestattung jahrhundertelang vehement ablehnten, findet man hier keine christliche Symbolik, sondern Reminiszenzen an den Totenkult der Griechen und Römer. Gleich links vom Haupteingang zur Feierhalle ist an der Außenwand der Architekt William Müller beigesetzt, der das Krematorium entwarf. In den zweigeschossigen Gebäudeflügeln um den Innenhof befinden sich die Urnenhallen. Von einem Mittelgang aus öffnen sich zu beiden Seiten halboffene Räume mit Wandnischen. Viele sind mit Kunstblumen umkränzt.

Jüngere Urnen tragen chinesische und vietnamesische Namen, manchmal lehnt am Gefäß ein kleines Foto der Verstorbenen. Es gibt auch ältere Familienbegräbnisse mit aufwendigen Grabmälern, das prächtigste schmückt die antikisierende Marmorskulptur eines Jünglings im Totenreich. Das Erdgeschoss ist etwas düster, aber wenn das Sonnenlicht oben durch die Scheiben bricht, denkt man nicht an den Hades. Die beheizbaren, trockenen Räume sind schön geschnitten, die Wohngemeinschaften der Toten überschaubar. Es ist der stillste Ort, den ich in jüngster Zeit in Berlin entdeckt habe.

Berliner Begräbnisplätze
Kleine Friedhofskunde

Die Toten haben sich nicht aus der Stadt vertreiben lassen, obwohl es an Versuchen nicht gemangelt hat, sie
von den Wohnungen der Lebenden fernzuhalten. Seit
dem Mittelalter bestatteten die Berliner ihre Liebsten
in den Kirchen oder auf den Totenäckern um die Got-
teshäuser. In der Marien- und Nikolaikirche, an der
Parochial- oder Sophienkirche sind viele alte Grabmäler noch zu besichtigen. Im Zeitalter der Aufklärung
verbannte der preußische Staat die Leichen aus der
Stadt, wegen der Seuchengefahr, die von den Verwesen-
den ausging. Neue Friedhöfe wurden außerhalb der
Stadtmauern angelegt, doch holte das rapide Wachstum zur Millionenstadt im 19. Jahrhundert sie alsbald
wieder ein. Belebte Straßen und Häuser umschlossen
die Begräbnisplätze. So können heute die Wohnungen
der Lebenden und der Toten oft Wand an Wand anein-

anderstoßen. Auf der einen Seite einer fensterlosen
Brandmauer liegt vielleicht ein kleiner Laden, eine
Hinterhofwerkstatt oder ein Kinderzimmer, während
die verwitterte Außenfront die ruinöse Schauarchitek-
tur eines alten Erbbegräbnisses aufrecht hält, das sonst
längst eingestürzt wäre.

Das harte Nebeneinander von Gegenwart und Vergangenheit, von Straßenlärm und Totenruhe, von
schriller Reklame und Verfall macht den Reiz der Berliner Großstadtfriedhöfe aus. An ihren Rändern ergeben sich Stadtansichten, die mich immer stark angezo-
gen haben. Als ich in Kreuzberg wohnte, besuchte ich
alle paar Tage die Gräber der Romantiker vor dem Halleschen Tor am Mehringdamm. Felix Mendelssohn
Bartholdy und die Varnhagens, E. T. A. Hoffmann und
Chamisso liegen dort. Oder ich radelte zu den Brüdern
Grimm auf dem alten St.-Matthäus-Kirchhof an der
Großgörschenstraße. Über 200 Friedhöfe gibt es in Berlin, fast auf jedem liegen bedeutende Persönlichkeiten
begraben. Aber dieses Buch über stille Winkel soll kein
Friedhofsbuch werden! Wohin, liebe Leserin und lieber
Leser, soll ich Sie schicken?

„Meine Fenster gehen alle auf den Friedhofpark hinaus. Es ist nicht ohne Heiterkeit", schrieb Brecht 1954
über seine neue Wohnung in der Chausseestraße 125 an
den Verleger Peter Suhrkamp. Aus den Fenstern des großen Arbeitszimmers blickte er auf den Dorotheenstädtischen Friedhof mit den Gräbern der Philosophen
Hegel und Fichte, des Bildhauers Schadow und des
Architekten Schinkel, des Arztes Hufeland und des
Industriellen Borsig. Brecht liebte die Mittellage zwischen der lauten Chausseestraße, nicht weit von sei-

nem Theater, dem Berliner Ensemble, und dem ruhigen Friedhof. Zwei Jahre später wurde er dort beigesetzt, es folgten viele, die sich ihm verbunden fühlten: Hanns Eisler, Anna Seghers, Heiner Müller, im Sommer 2007 George Tabori. Ein Belegungsrecht der Akademie der Künste sorgt dafür, dass die Prominentendichte auf diesem Parnass der Intellektuellen stetig zunimmt. Aber auch der ehemalige Bundespräsident Johannes Rau wünschte, auf dem Dorotheenstädtischen Friedhof unweit des von den Nazis ermordeten Theologen und Widerstandskämpfers Dietrich Bonhoeffer zur letzten Ruhe gebettet zu werden.

Den Dorotheenstädtischen Friedhof gesehen zu haben ist Pflicht für Kulturtouristen, bequem lässt es sich mit dem Besuch in Brechts letzter Wohnung verbinden, die so erhalten ist, wie er sie selbst möblierte. Welche Friedhöfe man sonst besuchen sollte, hängt stark von den persönlichen Vorlieben ab. Liebhaber des alten Preußen schicke ich in die Hohenzollerngruft im Dom, ins Mausoleum im Schlosspark Charlottenburg oder auf den alten Garnisonsfriedhof in Mitte, wo die Helden der Befreiungskriege gegen Napoleon begraben sind. Die Gegner der Monarchie, die während der revolutionären Straßenkämpfe von 1848/49 und 1918/19 starben, bekamen Ehrengräber auf dem Friedhof der Märzgefallenen am Südrand des Volksparks Friedrichshain. Für Führer der Arbeiterbewegung, Sozialdemokraten und Kommunisten sowie Funktionäre der sozialistischen Einheitspartei errichtete die DDR-Führung 1951 die monumentale „Gedenkstätte der Sozialisten" auf dem Zentralfriedhof Friedrichsfelde. Jedes Jahr im Januar pilgern Zehntausende mit roten Nelken zu den

Gräbern der ermordeten Revolutionäre Rosa Luxem-
burg und Karl Liebknecht. Das Grab von Käthe Kollwitz
schmückt ein von ihr selbst entworfenes Relief: der
Kopf eines schlafenden Kindes, geborgen in den Händen und Tuchfalten einer Mutter. Dieser städtische
Friedhof, weit im Osten der Stadt, wurde im späten
19. Jahrhundert angelegt, weil die vorhandenen Begräbnisplätze für die Bevölkerung der rasch wachsen-
den Metropole viel zu klein waren. Sein Gegenstück im
Westen ist der 1921 eröffnete städtische Friedhof an
der Heerstraße, der parkartig um den Sausuhlensee
angelegt wurde: Der Zeichner George Grosz und der
Dichter Joachim Ringelnatz sind hier bestattet.

Auch die evangelischen Kirchengemeinden eröffne-
ten 1908 einen gemeinsamen Waldfriedhof in Stahnsdorf, jenseits der Stadtgrenze im Südwesten gelegen,
der für 600 000 Tote ausgelegt war. Er verfügte bis zum
Bau der Berliner Mauer sogar über einen eigenen
S-Bahnhof. Ein lohnendes Ziel für einen Tagesausflug,
am besten mit Fahrrad, ohne das man das riesige
Gelände an einem Tag kaum besichtigen kann. Das
Grab des populären Zeichners Heinrich Zille ist ausge-
schildert. Mit Geduld finden Fontaneliebhaber in
einem lauschigen Waldstück das versteckte Grab der
Elisabeth von Ardenne, die das Vorbild für Effi Briest
war, und legen dort eine Rose ab.

Die Friedhöfe der Einwanderer und Minderheiten
haben ihre besondere Atmosphäre. Protestantische
Religionsflüchtlinge gestalteten seit 1751 den Böhmi-
schen Gottesacker in Neukölln, damals Rixdorf, den
man durch ein altes Tor zwischen hohen Mietskasernen
am Karl-Marx-Platz betritt. Auch die Geschichte des

muslimischen Friedhofs am Columbiadamm in Neukölln reicht bis ins 18. Jahrhundert zurück; dort wurde in den letzten Jahren eine Moschee mit prächtiger Kuppel und hohen Minaretten fertiggestellt. Eine bunte Kapelle mit Zwiebeltürmen ziert den russisch-orthodoxen Friedhof in Tegel, für den 1894 gut 4000 Tonnen Erde aus Russland herbeigeschafft wurden, damit die Toten in heimatlichem Boden ruhen konnten.

Der 1880 eröffnete Friedhof der jüdischen Gemeinde in Weißensee spiegelt die Vielfalt jüdischen Lebens bis zur Shoa wider. Nach dem Vorbild christlicher Mitbürger bauten wohlhabende Juden für ihre Toten Grabstätten in Anlehnung an antikisierende Tempel, Renaissancekapellen, barocke und Jugendstilpavillons – bis hin zu Grabmälern im Stil der Neuen Sachlichkeit. So entwarf der Bauhausdirektor Walter Gropius einen kantigen Steinsarkophag für den Kaufmann Albert Mendel. Der Ehrenhof mit den Gräbern jüdischer Gefallener des Ersten Weltkriegs dokumentiert ebenfalls die Assimilation an die Mehrheitsgesellschaft. Als sie scheiterte und die Nationalsozialisten die jüdischen Mitbürger in Vernichtungslager verschleppten, versteckten sich untergetauchte Juden auf dem unübersichtlichen Friedhof, hielt der später hier bestattete Rabbiner Martin Riesenburger heimlich Gottesdienste an jüdischen Feiertagen ab. Dort, wo die seit dem Mauerfall wieder zahlreich zugewanderten Juden aus Osteuropa ihre Toten bestatten, zeigt der Ort ein für jüdische Friedhöfe ungewohnt farbiges Gesicht: Auf den Gräbern leuchtet üppiger Blumenschmuck.

Wie eine Großstadt für Lebende besitzt diese jüdische Nekropole, in der 115 000 Tote die Auferstehung erwarten, verschiedene Stadtviertel. Man kann darin die Orientierung verlieren und sich müde laufen. Weniger zeitaufwendig ist ein Besuch auf dem Vorgängerfriedhof der jüdischen Gemeinde an der Schönhauser Allee, der zentraler liegt und leichter zu überschauen ist. 1829 außerhalb der Stadtmauer eingeweiht, wurden dort bis zur Eröffnung des Friedhofs Weißensee 22 500 Einzelgräber und 750 Erbbegräbnisse angelegt, in denen auch später noch Tote Platz fanden. In den engen Grabsteinreihen sind viele Tafeln umgestürzt, zerbrochen oder von herabfallenden Ästen beschädigt worden. Ein dichter Efeuteppich bedeckt die Erde und rankt sich an den Stämmen stattlicher Kastanien, Ahornbäume, Linden und Robinien empor, deren hohes Blätterdach den ganzen Friedhof beschattet. Die einzelnen Gräber wirken geborgen und beschützt von der Stadtnatur. Aber auch von Menschenhand ist in den letzten Jahren viel getan worden, um den Ort zu pflegen, Steine wieder aufzurichten und Grabmäler zu restaurieren. Zum Schutz für besonders schöne Exemplare entstand auf den Fundamenten der zerstörten Trauerhalle ein lichtdurchflutetes Lapidarium mit einer breiten Glasfront zum Totenwäldchen.

Der Komponist Giacomo Meyerbeer, der Verlagsgründer Hermann Ullstein und der Maler Max Liebermann liegen an der Schönhauser Allee begraben. Doch es sind nicht so sehr die einzelnen Gräber, die dem Friedhof seine besondere Ausstrahlung verleihen, sondern seine noch überschaubaren Maße, das Aufgehobensein der Toten in einem schönen Ganzen, die Empfindung, mitten in der Stadt zu sein und doch ganz woanders. Der Verkehrslärm der Schönhauser Allee mischt sich mit dem Rauschen der Bäume, alte und neue Mietshäuser ragen über die Familiengräber an der Friedhofsmauer. Dahinter versteckt liegt eine kulturhistorische Besonderheit, der sogenannte Judengang. Um ihn zu sehen, muss man zum nahen Kollwitzplatz spazieren, dort befindet sich an der Knaackstraße 41 ein Tor mit Durchblicken in Form von Davidsternen. Es heißt, dass die preußische Königsfamilie auf der Ausfallstraße zum Schloss Schönhausen, der heutigen Schönhauser Allee, keine rituellen Trauerzüge sehen mochte. So wurden die Toten durch den Judengang zu einem Tor auf der abgewandten Friedhofsseite getragen. Heute ist dieser stille, menschenleere Ort ein geschütztes Gartendenkmal und – neben der frisch restaurierten Synagoge an der Rykestraße – eine Hauptsehenswürdigkeit des Prenzlauer Bergs.

Buddhistisches Haus in Frohnau
Mögen alle Wesen glücklich sein

Richten Sie Ihren Geist nicht auf das, was Sie in Büchern gelesen haben! Seien Sie mit Ihren Gedanken in der Gegenwart, nicht in der Vergangenheit und nicht in der Zukunft! Denken Sie nicht an Freunde und Angehörige! So lauten einige der Regeln für Meditierende, die im kleinen Vorraum des buddhistischen Tempels aushängen. Und vergessen Sie bitte nicht, die Schuhe auszuziehen!

Der Tempel steht jedem offen, der den unruhigen Alltag hinter sich lassen möchte. Mattes Tageslicht fällt von oben durch ein rundum laufendes Fensterband in der hölzernen Pagodendachkonstruktion. Vor zwei Buddhas stehen kleine Tischchen mit Kerzen und frischen Schnittblumen. Auf einem dunklen Relief ist der Erleuchtete schwer zu erkennen, das verleiht ihm die geheimnisvolle Aura einer russischen Ikone. Als vergol-

dete Großfigur thront der zweite Buddha in einer ver-
glasten Wandnische. Meditierende können wählen,
welchem Buddha sie sich zuwenden, dem von der Zeit
verdunkelten oder dem alterslos strahlenden.

Der Tempel steht auf einem Hügel zwischen hohen
alten Kiefern und Laubbäumen. 73 unebene Stufen,
untergliedert in acht Abschnitte, führen vom Elefan-
tentor am Edelhofdamm hinauf zum Buddhistischen
Haus. Die Etappen verkörpern den achtfachen Pfad zur
Überwindung des Leidens, den der Gautama Buddha
gelehrt hat, eine auf Mäßigung, Redlichkeit, Achtsam-
keit und gedankliche Klarheit gerichtete Verhaltens-
lehre. Sehr sympathisch und nützlich, auch für Nicht-
Buddhisten.

Von der Anhöhe schaut man auf die Dächer der Gar-
tenstadt Frohnau herab, die eigentlich eine Waldstadt
ist. In der Kaiserzeit wurden schöne Villen auf großen
Grundstücken zwischen die hohen Kiefern gebaut. Die
Wohlhabenheit der Gegend spürt man sofort beim Aussteigen an dem denkmalgeschützten Vorortbahnhof,
der von zwei gepflegten Schmuckplätzen flankiert
wird. In dieser Gegend erwarb der Arzt Paul Dahlke
nach dem Ersten Weltkrieg ein großes Grundstück, um
das erste buddhistische Zentrum im deutschsprachi-
gen Raum aufzubauen. Dahlke war auf Reisen nach
Asien mit dem Buddhismus in Berührung gekommen.
Er verfasste zahlreiche Bücher, die eine Brücke zwischen der buddhistischen Weltanschauung und der
Lebenswelt moderner Europäer schlugen.

„Für den buddhistischen Menschen gibt es keinen
Gott, der ihm die Sünden abnehmen könnte", schrieb
Dahlke 1928 in einem Vortrag für den Berliner Rund-

funk. „Für den buddhistischen Menschen gibt es nur
das Wirken und die Folge des Wirkens – die Religion
der erbarmungslosen, ungemilderten Selbstverant-
wortlichkeit, aber gerade dadurch die Religion der
Erwachsenen, die da wissen, dass es in der Wirklichkeit nichts geschenkt gibt." Wer Gutes tut, hatte Dahlke im Fernen Osten gelernt, verbessert sein Karma. Wer
sich rücksichtsvoll gegenüber anderen Kreaturen ver-
hält, hat die Chance, im Kreislauf der Wiedergeburten
auf eine höhere und vielleicht angenehmere Stufe zu
gelangen, während der Bösewicht es im nächsten
Leben sehr schwer haben könnte.

Dahlke zog 1924 in das Haus in Frohnau, das er aus
Spenden und seinem Brotberuf als Arzt finanzierte.
Ohne Rücksicht auf seine Gesundheit rackerte er für
seinen Lebenstraum, bis er vier Jahre später starb. An
einer unbekannten Stelle im Garten des Buddhistischen Hauses liegt er begraben. Schüler und Freunde
setzten sein Werk fort. 1957 kaufte die German Dhar-
maduta Society aus Colombo das Haus von Dahlkes
Erben. Seitdem wohnen dort Bhikkus, buddhistische
Mönche in rostroten Gewändern, die sich strengen
Regeln unterwerfen und von Almosen leben. Die meisten stammen aus Sri Lanka und ziehen nach einiger
Zeit in andere Klöster weiter.

Um seine Gedanken zu klären, muss der Besucher
des Hauses nicht unbedingt in den Tempel gehen und
lange im Lotossitz verharren. Ein Spaziergang auf den
gewundenen Waldwegen des Parks um den Tempelhü-
gel tut es auch. Sie führen zu stillen Andachtsplätzen,
den fast fensterlosen Klausen der Mönche und einem
Festplatz auf einer weiten Lichtung, über den eine wei-

tere goldene Buddhastatue wacht. Ein gemauertes Nebengelass mit der Steinfigur eines Meditierenden über der Pforte, das früher als Rückzugsraum gedient haben mag, wird heute als Gartengeräteschuppen genutzt.

Das Gras ist zerwühlt von nächtlichen Besuchern. In der Zeitung las ich, dass die Wildschweine in den Außenbezirken immer mutiger werden und die Gartenbesitzer zur Verzweiflung treiben. Als ich mich einer dicht bewaldeten Ecke des Grundstücks nähere, schlägt mir ein energisches Grunzen entgegen. Eine Rotte ist am helllichten Tag im Park unterwegs. Die Wildschweine wissen schon, dass ihnen die Buddhisten nichts zuleide tun. Das wäre ihrem Karma abträglich. Da mir die Gesinnung der Wildschweine unbekannt ist, trete ich sicherheitshalber den Rückzug durch einen Hinterausgang des buddhistischen Gartens an. Dort parkt ein weißer Mercedestransporter mit der Aufschrift: MÖGEN ALLE WESEN GLÜCKLICH SEIN.

Ruthild Hahnes Bildhaueratelier
Good Bye, Thälmann!

Die Straße hat nicht mal einen richtigen Namen. Straße 201 in Pankow, eine schmale Asphaltkurve zwischen schlichten Einfamilienhäusern, umrahmt von kleinen Gärten. Biedermeier der 50er-Jahre, teils frisch verputzt. Still, aber nicht besonders interessant, so der erste Eindruck. Man muss schon Kulturhistoriker, Denkmalpfleger oder ein alter SED-Parteigenosse sein, um in der Gegend zwischen Bürgerpark und Schönholzer Heide auf den ersten Blick eine faszinierende Geisteslandschaft wahrzunehmen.

Die Straße 201 verläuft mitten durch eine sogenannte Intelligenzsiedlung, die in den frühen DDR-Jahren eigens für Künstler und Gelehrte errichtet wurde. Im Propagandakrieg zwischen Ost und West war es eine Prestigefrage, namhafte Geistesgrößen zur dauerhaften Niederlassung im neu gegründeten „Staat der

Arbeiter und Bauern" zu bewegen. Viele kehrten aus dem Exil zurück wie die kommunistischen Arbeiterdichter Willi Bredel und Erich Weinert, die 1951 in die Häuser Nummer 12 und 4 einzogen. An manche Wohnhäuser wurden Ateliers angebaut, so bei dem Grafiker und Maler Max Lingner in der Nummer 2 oder dem Bildhauer Theo Balden an der heutigen Hermann-Hesse-Straße 42. In der Nachbarschaft fanden der Schriftsteller Arnold Zweig (Homeyerstraße 13), der Komponist Hanns Eisler (Pfeilstraße 9), der Schauspieler und Sänger Ernst Busch (Leonhard-Frank-Straße 11) eine Bleibe – und viele mehr, die in der DDR eine wichtige Rolle im Kulturleben spielten, deren Namen aber heute nur noch wenige kennen.

Zum Beispiel die Bildhauerin Ruthild Hahne. In der Straße 201, Hausnummer 1, hat sie gearbeitet. An das zweigeschossige Wohngebäude lehnt sich eine große Halle, belichtet durch eine riesige Fensterfront. Hier hausen Gipsriesen, die es zwischen Topfpflanzen, alten Sesseln und Teppichen gemütlich haben. Ein gut drei Meter großer Arbeiterführer reckt kämpferisch die Faust. Er posiert auf einem Untersatz mit Eisenrädern in rostigen Schienen und scheint darauf zu warten, dass die Stahltüren des Ateliers sich öffnen, um ihn in den verwilderten Garten zu entlassen. Ein Arbeiter und eine Arbeiterin im gleichen Monumentalformat wenden sich dem proletarischen Kämpfer zu. Zu Füßen der Riesen lagern die Köpfe anderer Größen: Bronzebüsten von Lenin, Liebknecht, Stalin, Ulbricht. Dazwischen anmutige Porträts von Kindern und badenden Frauen. Der Charakterkopf des Schriftstellers Bruno Apitz späht über den Rand eines Blecheimers.

„In der Kunst ist die Geschichte eingefroren", sagt Stefan Hahne, der Sohn und Erbe der Bildhauerin Ruthild Hahne. Nach ihren Vorstellungen wurden Haus und Atelier gebaut, 1953 ist sie eingezogen. Der Sohn hat sie bis zur ihrem Tod im Jahr 2001 zu Hause gepflegt. Er ist Ägyptologe und vertraut im Umgang mit versunkenen Kulturen. Nach dem Tod der Mutter hat er sich durch ihren Nachlass gegraben und überraschende Dinge gefunden. „Zum Beispiel den Stalinkopf hatte Muttern völlig vergessen. Das heißt, sie hatte ihn in den 60ern auf den Dachboden verbannt", erzählt der Sohn. Wie die Mutter das schwere Bronzeporträt auf den Dachboden gestemmt hat, bleibt ihm ein Rätsel.

Die Begeisterung für den Sozialismus ist Ruthild Hahne nicht in die Wiege gelegt worden. 1910 geboren, wuchs sie als Tochter eines Fabrikanten im bürgerlichen Wilmersdorf auf. Sie wollte Malerei studieren, wurde aber an der Charlottenburger Kunsthochschule zunächst abgelehnt. Nach ihrer Ausbildung zur Turnlehrerin und Heilgymnastin kam sie in Kontakt mit Kommunisten. Als Tänzerin in einer roten Agitproptruppe reiste sie im Frühjahr 1933 nach Moskau. 1936 wurde Ruthild Hahne endlich zum Bildhauerstudium zugelassen. In ihrem Atelier traf sich während des Zweiten Weltkriegs eine Widerstandsgruppe, die Flugblätter gegen die Nazis verteilte. Als die Gruppe 1942 aufflog, wurde ihr Lebensgefährte Wolfgang Thiess hingerichtet, Ruthild Hahne zu vier Jahren Zuchthaus verurteilt. 60 Jahre später, nach ihrem Tod, fand der Sohn in ihrer Handtasche ein blaues Stoffetui mit einigen gefalteten Blättern. Darunter der letzte Brief des

Lebensgefährten aus der Haft: „... schlaf gut Ruthild, liebe kleine Frau und guter Kamerad."

Nach Kriegsende empfahl sie der Maler Karl Hofer als Dozentin an die Kunsthochschule Weißensee. 1946 erregte sie bei einer Ausstellung Aufsehen mit einem Leninkopf, der nicht allein Energie, sondern auch eine ungewöhnliche Lebendigkeit und Wärme ausstrahlte. Ein Abguss fand seinen Weg bis ins Moskauer Leninmuseum. Das war der Beginn ihrer Karriere als Porträtbildhauerin. Ruthild Hahnes politische Köpfe wurden in Schulen und Ministerien aufgestellt und gern auch als Staatsgeschenke der DDR an die Spitzen der sozialistischen Bruderstaaten überreicht.

1950 erhielt sie nach einem Wettbewerb den Staatsauftrag, eine Denkmalanlage zu Ehren des von den Nazis ermordeten KPD-Führers Ernst Thälmann zu gestalten. Mitten im Regierungsviertel, an der Wilhelmstraße, sollte ein Monument mit über 60 vollplastischen Figuren entstehen, einschließlich Sockel zehn Meter hoch und mindesten 50 Meter breit – der größte Auftrag, den eine Frau in der Geschichte der Bildhauerei jemals erhalten hat. 15 Arbeitsjahre opferte sie diesem Projekt. Die Partei bestellte immer größere Modelle, finanzierte Gehilfen und ließ ein weiteres, nicht mehr erhaltenes Atelier in der Nähe ihres Hauses errichten. Der realistische Stil der Bildhauerin entsprach ganz dem Kunstgeschmack Walter Ulbrichts, des mächtigsten Mannes im Staatsapparat. Er wohnte nicht weit von ihrem Atelier am Majakowskiring 28–30, im sogenannten „Städtchen" der DDR-Nomenklatura. Auf einem Pressefoto sieht man Ulbricht, der verkrampft und mürrisch der Bildhauerin Modell sitzt.

Wie immer schaut ihr Politikerkopf viel netter aus als das lebende Vorbild.

Der von Ulbricht betriebene Mauerbau im August 1961 versetzte dem „Thälmannprojekt" den Todesstoß. Der dafür vorgesehene Platz lag direkt an den Sperranlagen zwischen Potsdamer Platz und Brandenburger Tor. Die Ausführung des Denkmalentwurfs in Stein hätte noch mindestens zehn Jahre gedauert und Unsummen verschlungen. Auch hatte sich die Kunstauffassung des SED-Zentralkomitees geändert. Was 1950 an Hahnes Entwurf begeistert hatte, wurde 15 Jahre später in einem Gutachten als „vulgäre äußerlich illustrative Realismusauffassung" abgetan.

Im Sommer 1965 teilte die politische Führung der Bildhauerin lapidar mit, dass das Projekt nicht weiter verfolgt würde.

Sie hat danach nur noch wenig gearbeitet. Lieber ist sie mit dem Auto durchs Ausland gereist, erzählt ihr Sohn. Die letzte Figur, die sie beschäftigte, war ein anmutiger Halbakt, eine Badende. Eine ganz unpolitische Figur.

„Der Glaube ans Kollektiv ist ihr zum Verhängnis geworden, dabei war sie eigentlich eine Individualistin und sehr bürgerlich", sagt der Sohn. Er hütet ein schwieriges Erbe. Seine Mutter war eine ausgezeichnete Porträtistin, aber wer ist heute schon bereit, die rein bildhauerische Qualität eines Lenin- oder Thälmannkopfes zu würdigen? Bei den Herrscher- oder Heiligenbildnissen älterer Epochen fällt uns das leichter. Der Ägyptologe Stefan Hahne schaut auf das Werk seiner Mutter, als wäre es schon 4000 Jahre alt. Vorstellbar ist es ja, dass jemand ihren Leninkopf in ferner Zukunft ausgräbt und ganz begeistert ist von dem weisen, freundlichen, bäurischen Menschengesicht. Ist dieser Lenin vielleicht die Nofretete des real existierenden Sozialismus?

Licht und Strom im großen Atelier sind abgestellt. Es steht zwar unter Denkmalschutz, aber der Sohn hat kein Geld, die maroden Leitungen erneuern zu lassen. Der Ort ist eine Zeitkapsel, vor 40 Jahren scheint jemand die Uhren angehalten zu haben. Solche Interieurs, die den Untergang der DDR unversehrt überdauert haben, gibt es nur noch wenige.

Die nahe Gedenkstätte im Haus von Arnold Zweig wurde nach der Wiedervereinigung geräumt, ebenso die Villa des Schriftstellers und Kulturfunktionärs Johannes R. Becher am Majakowskiring 34. Ein Freundeskreis rettete das Atelier und Archiv des Malers Max Lingner in dem Haus, das gleich gegenüber von Ruthild Hahnes Atelier liegt. Beide Künstlerhäuser kann man an den Tagen des offenen Denkmals sowie nach Voranmeldung besichtigen. Der Sohn Ruthild Hahnes will die Werkstatt seiner Mutter erhalten und zeigen, solange er kann. Man weiß ja nie, wie sich die Zeiten ändern.

Arboretum der Humboldt-Universität
Wo kommen die ganzen Bäume her?

Im Sommer zeigt Berlin die Tendenz, sich in einen Dschungel zu verwandeln. Gartenbesitzer wissen davon ein Lied zu singen. Mit Rasenmäher, Gartenschere und Kettensäge rücken sie dem üppigen Wachstum zu Leibe. An der Bordsteinkante vor unserem Haus wuchern brusthoch die Brennnesseln und der Beifuß. Dazwischen schwanken frühreife Ähren von Gerste und Roggen. Auf den Brachen am Schulweg der Kinder gedeihen Wiesenkerbel und wilde Möhre, auch Schafgarbe, Hahnenfuß, Nachtkerze, Johanniskraut, Ackersenf, Rainfarn, Wegwarte und Wiesensalbei. Spielende Kinder finden um diese Zeit wunderbare Verstecke überall, wo die Erwachsenen die Stadt nicht eingezäunt, zugepflastert und betoniert haben.

Ein dichtes Blätterdach beschattet die Spaziergänger auf den ruhigeren Straßen und schützt vor Regenschauern. An den Berliner Alleen stehen weit über 400 000 Bäume. Dank eines langfristigen Aufforstungs-programms sind das wieder so viele wie vor dem Zwei-ten Weltkrieg. Zwischenzeitlich waren zwei Drittel der Straßenbäume verschwunden, viele verfeuert in den Öfen frierender Berliner. Allein seit der Wiederver-einigung wurden etwa 50 000 Straßenbäume neu ge-pflanzt. Rechnet man all die Bäume in den Berliner Fors-ten, Parks und Gärten hinzu, leben in der Stadt wahr-scheinlich weit mehr Bäume als Berliner.

Die schöne Tradition, Alleen in der Stadt anzule-gen, geht auf das Jahr 1647 zurück. Damals ließ der Große Kurfürst zwischen dem Stadtschloss und seinem Jagdrevier, dem Großen Tiergarten, Linden anpflan-zen. So wurde die Straße Unter den Linden geboren. Die Linde ist der Spitzenreiter unter den Berliner Stra-ßenbäumen, sie stellt ein gutes Drittel der Population, mit weitem Abstand folgen Ahorn, Eiche, Platane und Kastanie.

Als im letzten Drittel des 19. Jahrhunderts die Stadt Berlin und ihre Umlandgemeinden explosionsartig wuchsen, stieg auch der Bedarf an Pflanzen für die Ver-schönerung der Straßen, Gärten und Parks. Damals entstand im Südosten der Stadt die größte Baumschu-le der Welt. Von der S-Bahn-Station Baumschulenweg kommt man mit dem Bus oder zu Fuß zum Arboretum. Der Baumplantagenbesitzer Franz Späth ließ es nach Plänen des Berliner Stadtgartendirektors Johann Gustav Heinrich Meyer ab 1874 als privaten Land-schaftspark anlegen. Das Arboretum war der Privatgar-ten des Unternehmers, der gleich nebenan in einer Gründerzeitvilla residierte, es diente als Versuchsfeld und als Schaufenster für die Kunden. Sie konnten hier neue Baumsorten und Sträucher, die auf den benachbarten Späthschen Baumschulen herangezogen wurden, auf sich wirken lassen. Etliche hat Franz Späth neu in den Handel eingeführt.

Es erscheint uns völlig natürlich, dass im Frühjahr überall in Berlin die Rosskastanien blühen und im Herbst ihre braunen Früchte auf den Straßen liegen. Doch das ist Menschenwerk. In der letzten Eiszeit starben diese Bäume nördlich der Alpen aus und wurden erst 1576 aus Konstantinopel zurück nach Wien importiert. Einer der schönsten Baumriesen im Arboretum ist eine Schirm-Rosskastanie. Sie macht ihrem Namen alle Ehre: Gut drei Meter über dem Boden verzweigt sich ihr dicker Stamm in ein Dutzend starker Arme, die das weit ausladende Blätterdach tragen. Ebenso imponierend sind die uralten Blutbuchen im Park. Die einheimischen Pflanzen berühren sich mit Exoten aus Amerika und Asien: Sommermammutbaum, Surenbaum, Libanoneiche oder Kuchenbaum.

Etwa 1200 Gehölzsippen sind vertreten, jede Pflanze ist katalogisiert und mit Namenstäfelchen versehen. Auf grasbewachsenen Wegen wandelt man durch den Landschaftspark wie durch ein botanisches Lehrbuch und fragt sich, wie wohl der Schneeglöckchenbaum, die steifborstige Stechwinde, der Jungfrauen-Pfeifenstrauch und die Frühlings-Zaubernuss zu ihren poetischen Namen gekommen sind. Einige Skulpturen von Bildhauern aus den DDR-Jahren bevölkern das Arboretum, besonders gut passt eine zusammengekauerte schlafende Frau hierher, die Marguerite Blume-Cardenas aus einem Stein gehauen hat. Andere Besucher trifft man selten, die absolute Stille allerdings muss man anderswo suchen: Vor allem wochentags rumort allzu reger Autoverkehr auf den angrenzenden Straßen.

Zwischen einer japanischen Tanne und stattlichen Lebensbäumen liegt ein Findling mit einer Ehrenplakette der Internationalen Dendrologischen Gesellschaft, die nur an ausgewählte Botanische Gärten verliehen wird. Durch sein Alter und seine Artenvielfalt ist das Arboretum ein besonders wertvolles Bioreservat und Studienobjekt für Botaniker. Wissenschaftlich betreut wird der einzigartige Park von den Botanikern der Humboldt-Universität, die in die ehemalige Späth-Villa eingezogen sind. Den einstigen Rosengarten des Unternehmers mit Goldfischbecken haben sie zur systematischen Abteilung umfunktioniert, in den Rabatten wachsen nach wissenschaftlichen Kriterien sortiert Blumen, Nutzpflanzen und Kräuter.

Die Gartenbaufirma Späth gilt als der älteste Geschäftsbetrieb der Hauptstadt. Angefangen hat alles 1720 mit einer Gärtnerei, die der Gründer Christoph Späth vor dem Halleschen Tor, also in der Nähe des Kreuzbergs, eröffnete. 150 Jahre später zog sie zum Baumschulenweg um und hatte dann ihre beste Zeit unter den deutschen Kaisern. Das Unternehmen exportierte Pflanzen bis in die USA, nach Australien und China. Nach dem Zweiten Weltkrieg wurde die in Ostberlin ansässige Firma in einen volkseigenen Betrieb umgewandelt. Er sollte nach der deutschen Wiedervereinigung durch die Treuhand liquidiert werden, doch dagegen wehrten sich die Belegschaft und die Erben der einstigen Besitzer. Mit Erfolg. So werden neben dem Arboretum wieder wie einst, wenn auch heute in viel kleinerem Umfang, Pflanzen gepäppelt und an Großkunden ausgeliefert. So sind zum Beispiel Anpflanzungen am Potsdamer Platz und in den Hackeschen Höfen, am Autobahndreieck Spreeau und im Garten von Schloss Meseberg, dem Gästehaus der Bundesregierung, von der Firma betreut worden.

Bereits vor dem Ersten Weltkrieg begann der Betrieb damit, die Aufzucht von Bäumen ins brandenburgische Ketzin zu verlagern. Denn mit dem Bau des nahen Teltowkanals sank der Grundwasserspiegel am Baumschulenweg, und außerdem litten die Pflanzen unter den Abgasen der nahen Millionenstadt. Man sieht es dem Firmengelände neben dem Arboretum an, dass seine beste Zeit lange vorbei ist. Teilweise sind die alten Gebäude an andere Unternehmen vermietet. Zwischen Gewächshäusern und Fächerpalmen stehen zwei mongolische Jurten, die ein Verein zur Förderung des deutsch-mongolischen Zusammenlebens aufgebaut hat. In einer anderen Ecke des Grundstücks fanden Sandbirken, Korbweiden und Schwarzpappeln Asyl. Die Künstlerin Ulrike Mohr hat sie vom Dach des Palastes der Republik hierher verpflanzen lassen, ehe dieser abgerissen wurde.

Im menschenleeren Späth-Gartencenter am Königsheideweg habe ich ein zierliches Buchsbäumchen als Andenken gekauft. Es ist mindestens so hübsch wie ein japanischer Bonsai, wird aber hoffentlich nicht so leicht eingehen. Der Buxus steht nun auf dem Schreibtisch neben dem Computer, pars pro toto für das grüne Berlin. Wenn dieses Buch gedruckt ist, darf er hinaus in den Garten.

Von Wilhelmshagen zum Müggelsee
Auf der Suche nach Kuhle Wampe

Lange fährt die S-Bahn durch den Berliner Stadtforst, ehe sie Wilhelmshagen erreicht, den letzten Bahnhof vor der östlichen Stadtgrenze. Dort ist jedes Gefühl von Stadtnähe sofort weggeweht. Wenn man anderswo aussteigt, um die Waldesstille zu suchen, dann sind immer erst asphaltierte Straßen zu überwinden, muss man Autos, Schrebergärten oder einen Waldrand hinter sich lassen. In Wilhelmshagen, einem charakteristischen Vororthaltepunkt der Kaiserzeit, beginnen vor der Schwelle des nördlichen Bahnhofsausgangs sofort holprige Waldwege. Knorrige Wurzeln ragen aus der Erde, das Licht flirrt zwischen schlanken Kiefernstämmen und das Klopfen eines Spechts hallt scheinbar endlos durch den Mischwald.

An der Südseite der Bahnstrecke nach Frankfurt/ Oder liegt die Kolonie Wilhelmshagen, die nicht viel

Lärm macht. Ein gemütlicher Villenvorort, um die Jahrhundertwende von Bauspekulanten für stadtflüchtige Berliner angelegt. Verkehrsgünstig an der schon damals existierenden Bahnstrecke gelegen, auf der Züge regelmäßig in die Stadtmitte dampften. Ein wenig erinnert Wilhelmshagen mit seinen breiten, menschenleeren Alleen und putzigen Villen an einen sehr verschlafenen Badeort an der Ostsee.

Doch nicht nach Norden, nach Süden geht die Reise: Italien ruft! Ich will den Blick von der Rialtobrücke genießen. Berliner, die ich nach ihren liebsten stillen Winkeln fragte, haben mir davon vorgeschwärmt. Wie jedes Kind weiß, hat unsere Stadt mehr Brücken als Venedig. Mit dem berühmten Bauwerk über den Canal Grande allerdings ist unsere Rialtobrücke nicht zu vergleichen. Architektonisch ist sie eigentlich gar nicht vorhanden. Eine kleine Straße führt schmucklos über eine Kanalenge. Das Auge schweift nicht über Palazzi, sondern sieht Datschen inmitten liebevoll bepflanzter und gehegter Gärten. Das ist unser Neu-Venedig.

Um dieselbe Zeit wie Wilhelmshagen wurde Neu-Venedig mitsamt Kanalsystem angelegt, sodass jedes Grundstück mit Booten erreicht werden kann. Singende Gondolieri gibt es zwar keine. Doch so malerisch wie die Stadt am Lido ist unser Venedig allemal. Weiße Seerosen blühen auf den Kanälen. Und ich kann mir nicht vorstellen, dass man auf der Rialtobrücke in Venedig so herrlich allein sein kann. Unbeobachtet greife ich über das Geländer in die Zweige eines Mirabellenbaums, um einem Neu-Venezianer ein paar reife Früchte zu stehlen.

Dolce Vita. Glückliche Leute, die solche Grundstücke besitzen. Ganz privatisiert ist das Ufer zum Glück nicht. An der Biberpelzstraße führen Stichwege hinab ans Wasser. Die Spree fließt hier schmal zwischen Holzpflöcken, gegenüber stehen Bäume. Ein Stadtbild wie im fernen Spreewald. Motorboote und Segler tuckern vorbei. Es ist so still, dass man am Ufer die Gespräche der Ruderer versteht.

Es gibt noch ein zweites Venedig am anderen Ende von Berlin. Wo die Heerstraße nach Spandau die Havel überquert, liegt Tiefwerder, auch Klein-Venedig genannt. An die engen Kanäle grenzen Laubenkolonien und Naturbiotope, ein Paradies für Paddler. Ich verbinde damit die einzige heitere Erinnerung an den Sportunterricht meiner Schulzeit. Vor dem Abitur konnte, wer wollte, ein Jahr lang sein Glück im Rudern versuchen, statt sich mit den üblichen Schulsportarten zu plagen. Unser Bootshaus lag an der Heerstraße, von dort ruderten wir im Vierer bis zum Grunewaldturm, wobei uns die Sportlehrerin regelmäßig aus den Augen verlor. Um unsere Beherrschung der Boote zu prüfen, lotste sie uns in die gewundenen Kanäle von Klein-Venedig. Eines Tages war ich mit der Einerprüfung an der Reihe. Ich hatte Mühe, mich in dem wackeligen Boot aufrecht zu halten. Schon nach ein paar Metern verlor ich das Gleichgewicht und kippte kopfunter in die Havel. Pudelnass schlingerte ich zum Bootshaus zurück. Trotz dieser Pleite stand auf dem Jahreszeugnis die beste Sportnote meiner Schullaufbahn.

Zurück in den Osten: Wilhelmshagen und Neu-Venedig gehören zum Stadtteil Rahnsdorf. Eine Fischersiedlung namens „Radenstorf" wird schon im

Mittelalter erwähnt. Sie lag schwer zugänglich auf
einem Hügel zwischen Sümpfen und Spreearmen. Das
Dorf brannte 1872 nieder und wurde bald wieder aufgebaut. In dieser Gestalt, mit Backsteinkirche, Friedhof
und Schulhaus auf der Hügelkuppe, umgeben von einstöckigen Fischerhäusern, steht das Dorf heute komplett unter Denkmalschutz. Da Kanäle den Ort umfan-
gen, gibt es keinen Durchgangsverkehr. Die Dorfstraße
(sie heißt so) ist ein stille Sackgasse. Ein toter Winkel
für Autofahrer. Wer zu Fuß oder per Fahrrad unterwegs
ist, kommt weiter. Mit einem Fahrschein der Berliner
Verkehrsbetriebe kann man die kleinste Fähre der
Stadt benutzen. Ein Ruderer bringt einmal in der Stunde die Passagiere auf die andere Spreeseite, wenn viel
los ist, fährt er auch öfter. Ich nehme die kleine Motor-
fähre nach Neu-Helgoland, so heißt ein schön wieder-
aufgebautes historisches Ausflugslokal mit großer
Sonnenterrasse und Glasveranda am Wasser.

Ich nähere mich meinem Ziel. Dies ist mein zweiter
Versuch, Kuhle Wampe zu finden. Kuhle Wampe war ein
Zeltdorf, das durch einen Film weltberühmt wurde. Die
Autoren Bert Brecht und Ernst Ottwald, der Regisseur
Slatan Dudow und der Komponist Hanns Eisler arbeite-
ten 1931 gemeinsam am ersten kommunistischen Ton-
film in Deutschland: „Kuhle Wampe oder Wem gehört
die Welt". Er erzählt von einer Arbeiterfamilie in der
Weltwirtschaftskrise. Weil der Sohn keine Arbeit findet,
nimmt er sich das Leben. Die Eltern und die Schwester
Anni können keine Miete mehr zahlen und müssen ihre
Wohnung räumen. In Kuhle Wampe finden sie Zuflucht.

Vor Jahren entdeckte ich Kuhle Wampe auf einem
Stadtplan. Ein Dauercampingplatz an der Dahme,

gegenüber von Alt-Schmöckwitz, nennt sich so. Ich schwang mich aufs Rad und stieß auf eine spießige Wochenendsiedlung im Wald. Was ich nicht ahnte: Dieser Ort hatte in DDR-Zeiten als Jugendzeltplatz gedient. Nach dem Vorbild des Films war er Kuhle Wampe getauft worden. Der Originalschauplatz aber lag anderswo, am Großen Müggelsee, wie mittlerweile im Heimatblatt „Müggelheimer Bote" zu lesen war.

Auf dem Weg vom Lokal Neu-Helgoland zum Großen Müggelsee liegt eine Badestelle, ein abschüssiger riesengroßer Sandplatz, oben von Kiefernwald gesäumt, unten sanft in den Kleinen Müggelsee abfallend. An diesem sonnigen, etwas kühlen Werktagvormittag sitzt ein einziges Pärchen am Wasser. Anni und Fritz heißen im Film „Kuhle Wampe" die beiden jungen Leute, die zusammen im wogenden Schilf verschwinden, was nicht ohne Folgen bleibt: Anni wird schwanger. In der Zeltkolonie findet eine schrecklich bierselige Verlobungsfeier statt. Gut möglich, dass diese Szenen hier an der Badestelle gefilmt wurden oder ganz in der Nähe. Denn am Kleinen Müggelsee soll eine Kulisse für die Dreharbeiten gebaut worden sein. Bewohner des echten Zeltdorfs Kuhle Wampe agierten als Statisten.

Das Pärchen sitzt an der Badestelle wie bestellt. Der Mann zieht sich nackt aus und stürzt ins Wasser. Die Frau fotografiert ihn mit einer Digitalkamera. „Die Datumsanzeige ist nicht so wichtig, aber eine Temperaturanzeige sollte die Kamera haben", witzelt der Mann, als er schnatternd an Land kommt.

Kuhle Wampe, der Name soll daran erinnern, dass das Wasser an der Südostecke des Großen Müggelsees schon immer recht kühl war. Eine Wampe haben viele

Berliner, eine bauchige Ausbuchtung des Ufers war
damit gemeint. Das echte Zeltdorf Kuhle Wampe soll
zwischen den Ausflugslokalen Müggelhort und Müg-
gelseeperle gelegen haben. 1913 gegründet, wuchs es
bis zur Weltwirtschaftskrise der frühen 30er-Jahre auf
gut 100 Zelte an. Vor allem Arbeiter und Arbeitslose
lebten dort. Die Nazis lösten die Kolonie 1935 auf.
Brecht und andere Künstler, die an dem Film „Kuhle
Wampe" mitgearbeitet hatten, flohen ins Exil.

Der Uferweg am Müggelsee bietet keine Anhalts-
punkte, wo genau sich die Zeltstadt befunden haben
könnte. An der Seeseite wächst dichtes Schilf, der
Wald auf der anderen Seite des Weges ist Wasser-
schutzgebiet und wird nicht bewirtschaftet, sondern
bleibt als Biotop für gefährdete Arten sich selbst überlassen. Die Natur hat sich Kuhle Wampe restlos
zurückerobert. Auf dem Schiffsanleger an der Müggel-
seeperle halten zwei Jugendliche ihre Angeln ins Wasser. Es ist der erste Tag der großen Ferien. Von der Anle-
gerbrücke ist der größte Berliner See – auch das Müg-
gelmeer genannt – gut zu überblicken. Dampfer fahren hinüber nach Friedrichshagen, wo man wie vor
100 Jahren auf der Terrasse der Brauerei Bürgerbräu
sitzen oder das Dampfmaschinenhaus im Wasserwerk
besichtigen kann.

Kuhle Wampe bleibt verschwunden. Das macht
aber nichts. Ziele sind nicht unbedingt dazu da, dass
man sie erreicht. Sich die Zeit für die schönen Um- und
Nebenwege zu nehmen, ist fast schon die ganze Berliner Lebenskunst.

Schloss und Park Klein-Glienicke
Kleine und Große Neugierde

Die preußischen Könige waren große Feinschmecker und ihre Hofgärtner wahre Künstler, die frische Pfirsiche, Melonen, Feigen, Ananas und sogar Bananen auf die königliche Tafel zauberten. Wie ihnen das gelang, wie sie die königlichen Gärten und Parks pflegten und dort in eigenen Häusern wohnten, davon kann man sich im Hofgärtnermuseum ein Bild machen. Im Schloss Klein-Glienicke rückt es die Leistungen dieses selbstbewussten Berufsstandes ins rechte Licht. Ein guter Ort für die Ausstellung, denn der Schlosspark ist ein Kleinod der Gartenkunst.

Er trägt die Handschrift Peter Joseph Lennés, des bedeutendsten preußischen Gartengestalters. Klein-Glienicke gilt als Meilenstein, denn dort hat Lenné zum ersten Mal Hand in Hand mit Karl Friedrich Schinkel, dem größten Architekten Preußens, gearbeitet.

Schinkel gab dem Schloss 1825/26 die Gestalt eines italienischen Landsitzes mit noblen klassizistischen Fassaden, Flachdächern und Aussichtsturm. Um dieselbe Zeit ließ Lenné über 25 000 Bäume auf dem Anwesen pflanzen. Direkt am Schloss legte er einen Pleasureground nach englischem Vorbild an, mit sanften Bodenwellen, geschwungenen Parkwegen, Blumenrondellen, Gebüsch- und Baumgruppen, die den Spaziergänger auf Schritt und Tritt durch immer neue Raumeindrücke entzücken. In der weiteren Umgebung entstand ein weitläufiger Landschaftspark mit Ausblicken auf die Havel, Potsdam und Babelsberg, wo Lenné ab 1833 einen weiteren Park für den späteren Kaiser Wilhelm I. plante.

Klein-Glienicke liegt im äußersten Südwestzipfel Berlins, ist jedoch vom S-Bahnhof Wannsee mit Bussen und Ausflugsdampfern bequem zu erreichen. Sehr empfehlen kann ich den Fuß- und Radweg von der Pfaueninsel nach Glienicke am Havelufer entlang. Am Krughorn, gegenüber der Sacrower Heilandskirche, führt ein gotisches Tor von Norden in den Park hinein. Über steile Waldpfade geht es auf eine Anhöhe mit einem künstlichen Bergsee. Die schmale Teufelsbrücke überspannt eine tiefe Schlucht mit Wasserfall. Symbolisch überquert der Spaziergänger die Alpen von Norden nach Süden, um dann von einer lieblicheren Landschaft in Empfang genommen zu werden. Wie ein italienisches Landgut tauchen die Wirtschaftsflügel von Schloss Klein-Glienicke zwischen hohen Bäumen auf. Vor der ehemaligen Wagenremise plätschert ein Neptunbrunnen, durch einen Zaun blickt man ins private Atrium zwischen den Wohnflügeln. Die Wände des

Innenhofs sind mit eingemauerten Spolien übersät: Architekturfragmenten, Reliefs und Skulpturen aus der römischen Antike.

Darin spiegeln sich Italiensehnsucht und Antikenbegeisterung des Prinzen Carl von Preußen wider, der das Gut 1824 erwarb. Er reiste oft über die Alpen und ließ es sich nicht nehmen, noch als Greis den Vesuv zu besteigen. Fast 60 Jahre wohnte der Prinz mit Familie in Klein-Glienicke, unablässig damit beschäftigt, sein Gartenreich zu perfektionieren, zu vergrößern und die Umgebung zu verschönern. Nach seinem Tod verwahrloste dieses Lebenswerk, seit gut 30 Jahren bemüht sich die Berliner Gartendenkmalpflege, sämtliche Raffinessen von Klein-Glienicke zurückzugewinnen.

Als Blickfang für die auf der Havel vorbeifahrenden Schiffe baute Schinkel ein kleines Billardhaus zum Kasino um; es entstand ein Gästehaus mit eleganten weißen Pergolen. Sein Schüler Ludwig Persius fügte dem Ensemble das Gärtner- und Maschinenhaus hinzu, dessen malerischer Turm ein Wasserreservoir verbarg. Eine Dampfmaschine pumpte Havelwasser in den Bergsee, brachte den Wasserfall und Schinkels Löwenbrunnen vor dem Schloss zum Sprudeln. Hinter den historischen Gewächshäusern und der Orangerie verbirgt sich ein schattiger Klosterhof, den der Prinz als würdigen Aufbewahrungsort für seine Sammlung von Kruzifixen, Grabmälern und Fragmenten aus mittelalterlichen Kirchen bauen ließ.

Kleine Neugierde – so heißt ein Tempelchen am Parkrand zur Königsstraße, der einstigen Hauptverbindung zwischen Berlin und Potsdam. Es wurde als Teehaus genutzt. Von dort hatten der Prinz und seine

Gäste einen guten Blick auf Potsdam und den auf der
Landstraße vorbeiziehenden Verkehr. Das von Persius
erbaute Stibadium, eine erhöhte halbrunde Laube mit
einem filigranen Dach, diente demselben Zweck. An
der Glienicker Brücke über die Havel bildet die Große
Neugierde, ein kreisrunder Aussichtspavillon von
Schinkel, den Abschluss des Pleasuregrounds.

Es ist ein sympathischer Zug des preußischen Adels,
dass seine Refugien immer weite Blicke in die umge-
bende Landschaft erlauben. Die Schlösser und Parks
zwischen Berlin und Potsdam sind nicht isoliert
geplant worden, sondern waren Bausteine einer Ideal-
landschaft. Rund 250 Jahre, bis zum Ende der Hohen-
zollernmonarchie, haben die preußischen Herrscher
sich bemüht, die ganze Gegend in einen großen Park
umzugestalten, durchschnitten von Sichtachsen zwischen ihren Schlössern und eigens erbauten Aussichts-
punkten. Eine der ältesten Anlagen ist das südlich der
Königsstraße gelegene Jagdschloss Glienicke. 1684
unter dem Großen Kurfürsten errichtet, schon im fol-
genden Jahrhundert als Fabrik genutzt und vielfach
umgebaut, war es auf dem Schiffsweg von Potsdam aus
leicht erreichbar. Vom ruhigen Uferpark des Jagd-
schlosses hat man heute die beste Sicht auf die ehemalige Residenz.

Die Eingebundenheit Klein-Glienickes in die weitläufige Potsdamer Schlösserlandschaft ist seit dem Fall
der Mauer wieder erfahrbar: Über die Glienicker Brücke kann man zum Schloss Cecilienhof spazieren, zum
Belvedere auf dem Pfingstberg, zum Marmorpalais am
Heiligen See. Selbst Sanssouci, das berühmte Refugium
des Alten Fritz, ist zu Fuß erreichbar. Bis zur Maueröff-

nung waren diese Herrlichkeiten nur auf zeitrauben-
den Umwegen anzusteuern. Die Glienicker Brücke
blieb für den Verkehr gesperrt, allein die Geheimdiens-
te von Ost und West tauschten ab und zu Agenten aus.
Auf drei Seiten schnürte die DDR-Grenze die Parkland-
schaft um die Glienicker Schlösser ein. Trotzdem
waren sie ein stark besuchtes Ausflugsziel, da den
Westberlinern der direkte Weg nach Sanssouci abge-
schnitten war. Seit er wieder frei ist, fahren die Touris-
tenbusse direkt nach Potsdam hinüber, ohne Halt an
Klein-Glienicke vorbei. Daher trifft man besonders an
Werktagen nur sehr wenige Leute auf den Parkwegen.
Es ist viel schöner und ruhiger als zu Mauerzeiten.
Mögen die Touristen sich in Sanssouci auf die Zehen
treten! Solange das so bleibt, dürfen sich die Besucher
Klein-Glienickes wie Könige fühlen.

Ehemalige städtische Irrenanstalten
Die Nerven behalten in Buch

Eine Frau in heller Bluse, mit Brille und weißem, sehr gepflegtem Haar sitzt in der Morgensonne auf dem Bahnsteig und liest. Über ihr ist an der Wartebank ein breites Stationsschild befestigt, darauf steht in großen Lettern: Berlin-Buch. Es ist noch nicht acht Uhr, die Leserin muss früh aufgestanden sein, um sich für ihre Lektüre auf dem S-Bahnhof fein zu machen. Vom Hin und Her um sie herum nimmt sie keine Notiz. Lesende Damen auf Bahnhöfen, in Bussen und Bahnen sind zarte Inseln der Kontemplation im nervösen Großstadtgetriebe.

Berlin-Buch: Welch ein verlockender Ortsname für einen notorischen Verfasser von Berlin-Büchern. Ich bin oft in Buch, aber nicht gerne. Buch ist der Schauplatz einer wunderbaren Lebensrettung, aber auch mit traumatischen Erfahrungen und Ängsten verknüpft.

An diesem Sommermorgen gibt es keinen Grund, nervös zu sein. Ich muss lediglich ein Pillenrezept bei einer Nervenärztin abholen. Für meine Tochter.

Das Krankenhausgelände an der Wiltbergstraße kenne ich bei Schnee und Regen, in der Morgen- und Abenddämmerung, in der Frühlingsblüte und den flammenden Farben des Herbstes. Ich kenne die Lücken im Straßenpflaster, weil ich hier oft einen Kinderwagen vor mir her geschoben habe. Als meine Tochter noch kleiner war, sind wir jede Woche beim therapeutischen Schwimmen gewesen.

Heute ist es ganz friedlich in der Krankenstadt mit ihren Pavillonbauten, schattigen Alleen und Rasenflächen, die nur selten gemäht werden. Das satte Grün überstrahlt das triste Graubraun der Putzfassaden. An trüben Tagen wirken sie kasernenartig, an diesem Sommermorgen kommen sie so zur Geltung, wie sich das der Stadtbaurat und Architekt Ludwig Hoffmann Anfang des letzten Jahrhunderts wünschte. In seinen Schulen, Volksbädern und Krankenhäusern, die Hoffmann im Auftrag der Stadtgemeinde plante, sollten sich die Bürger wohlfühlen. Mit sparsamen Mitteln verlieh er den Gebäuden die Anmutung von Tempeln, Schlössern oder Landhäusern. Das Krankenhausgelände an der Wiltbergstraße plante er kurz vor dem Ersten Weltkrieg als vierte Irrenanstalt der Gemeinde für etwa 2000 Patienten, es wurde allerdings nie für diesen Zweck genutzt, sondern diente als Kindergenesungsheim und Hospital.

Eingesperrt sollte sich hier keiner der Nervenkranken fühlen. Mit seinen langen Alleen und symmetrischen Gartenanlagen erinnert das Gelände aus der

Vogelschau an eine barocke Schlossanlage. Aus der Fußgängerperspektive nimmt man die strenge geometrische Ordnung und die Größe des Geländes nur unterschwellig wahr, weil der Architekt mehrere Gebäude quer auf die zentrale Symmetrieachse der Anlage setzte. Den Mittelpunkt bildet das sogenannte Unterhaltungshaus mit seiner klassizistischen Tempelfassade. Im Seitenflügel befindet sich eine Cafeteria, man kommt daher in das Gebäude hinein und kann mit Glück sogar einen Blick in den Hauptsaal werfen. Die braun-beigen Wandornamente aus der Kaiserzeit müssen erst kürzlich restauriert worden sein, die Wandlampen aus Messing und Milchglas stammen noch aus den 50ern, an einer Wand stapeln sich DDR-typische Stahlrohrstühle. Das wäre ein perfektes Bühnenbild für eine Theaterinszenierung von Christoph Marthaler. Sogar ein Klavier steht bereit, gleich müssen die Schauspieler auf der schmalen Bühne vor dem kleinen Theaterguckkasten erscheinen und ein Lied auf die Vergänglichkeit anstimmen.

Auf den großzügigen Parkwegen zwischen den Irrenhäusern sollten die Nerven der Patienten zur Ruhe kommen. Besonders hübsch sind die achteckigen weißen Holzpavillons, die der Architekt Ludwig Hoffmann als Schatten- und Leseplätze an die Wegkreuzungen stellte. Rosen ranken daran empor. Auf einer Sonnenbank rauchen zwei Krankenschwestern ihre Pausenzigarette. Nie habe ich hier mehr als ein, zwei Patienten im Grünen sitzen gesehen.

Als der Magistrat von Berlin 1898 das Landgut Buch kaufte, lag es weitab von der Stadt, war aber bereits durch eine Bahnlinie mit ihr verbunden. Berlin baute

eine Kanalisation und brauchte Flächen, um die Kloa-
ke auf Rieselfeldern zu entsorgen. Ein Teil des Gelän-
des in Buch wurde dafür genutzt. Zeitgleich gab es aber
auch Engpässe in der Krankenversorgung. Seit der
Reichsgründung hatte die Kommune schon mehrere
Krankenhäuser gebaut, auch zwei Irrenanstalten in
Dalldorf (heute Karl-Bonhoeffer-Nervenklinik) und
Herzberge (heute Evangelisches Krankenhaus Königin
Elisabeth) sowie eine Heilanstalt für Epileptiker in
Wuhlgarten (heute Wilhelm-Griesinger-Krankenhaus).
Alle Anstalten waren überfüllt. Nun entstanden bin-
nen weniger Jahre in Buch nach Plänen von Ludwig
Hoffmann mehrere Anlagen für Tuberkulosepatien-
ten, psychisch Kranke und alte Menschen: die größte
Krankenstadt in Europa mit 5000 Betten.

Die älteste und schönste Anlage liegt, vom Areal an
der Wiltbergstraße gesehen, auf der anderen Seite der
S-Bahn. Der Weg führt durch den verwilderten
Schlosspark, das kriegsbeschädigte Bucher Schloss
wurde 1964 gesprengt. Erhalten blieb der angrenzen-
de Gutshof mit seinen Stallungen und Scheunen aus
rotem Backstein. Hier wurden ab 1981 zahlreiche
Künstlerateliers eingerichtet, vor allem Bildhauer hatten reichlich Platz zum Arbeiten und störten nieman-
den. Nach der Wende sollte sich der „Künstlerhof
Buch" zu einem Labor der Gegenwartskunst entwi-
ckeln, Gebäude wurden denkmalgerecht saniert und
die Akademie der Künste übernahm die Trägerschaft
des Projekts. Doch die aktuelle Kunstszene sammelte
sich lieber in der Innenstadt und als der Berliner Senat
am 1. Januar 2003 die finanzielle Förderung einstellte,
zerplatzten die Bucher Träume von einem vitalen

Kunstzentrum. Einige Ateliers sind weiterhin an Künstler vermietet, ansonsten wartet das Areal darauf, von der Stadt an einen Investor verscherbelt zu werden.

Schlosspark, Schlosskirche und Gutshof liegen an der Straße Alt-Buch, deren dörflicher Charakter nicht erhalten geblieben ist. Plattenhochhäuser und Autoverkehr zwingen dem alten Ortskern die Stimmung einer Trabantenstadt auf. An der ruhigeren Karower Straße zweigt eine von roten Landhäusern gesäumte Allee ab. Dort wohnten die Oberärzte und Inspektoren, die Oberpfleger, der Kassenbote und der Pförtner, als sich hier noch die III. Berliner Irrenanstalt befand. Mit einem Knick nach rechts läuft die Straße auf das historische Pförtnerhaus und das Hauptverwaltungsgebäude zu, in derselben Achse dahinter liegen die ehemaligen Werkstattgebäude, ein Badehaus, das Leichenhaus und die Anstaltsküche. Linkerhand waren die Frauen, rechterhand die Männer untergebracht, teils in lang gestreckten Häusern, teils in hübschen Villen an den Außenrändern der Anlage. In einem dieser Landhäuser, gegenüber der geschlossenen Anstaltskirche, befindet sich heute ein Café, das auch draußen an hübschen Gartentischen Platz bietet. Das Schild mit der Aufschrift „Stationäre Patientenaufnahme" am Hauseingang sollte dem Spaziergänger keinen Schrecken einjagen: Die Villa und die Nachbargebäude nutzt heute eine evangelische Lungenklinik. In anderen Häusern sind Rheumapatienten und ein Zentrum für medizinische Fortbildung untergebracht. Nervenärzte arbeiten noch im ehemaligen offenen Haus für Frauen, dort befindet sich jetzt eine Kinderpsychiatrie.

Die Grünanlagen sind weiträumig gestaltet, als Schmuckelemente für die Fassade setzte der Architekt Ludwig Hoffmann rote Ziegel und Werkstein ein. Stilistisch orientierte er sich an Renaissancebauten wie Schloss Rosenborg in Kopenhagen. Die Stadtverordneten schüttelten die Köpfe, als sie Hoffmanns Entwürfe sahen: Während der größte Teil der arbeitenden Berliner Bevölkerung in Mietskasernen vegetierte, sollten die Kranken am Stadtrand wie die Könige wohnen! Der Architekt verteidigte sich vor der Stadtverordnetenversammlung mit dem Argument, diese Architektur sei medizinisch geboten: „Die Irrenärzte legen größten Wert darauf, dass bei diesen Riesenbauten die Fassaden etwas gegliedert und belebt werden. Das ist hier in der allerbescheidensten Weise getan."

Es gibt ein lustiges Foto, das am 18. Oktober 1907 vor einem der Anstaltshäuser aufgenommen wurde. 31 Frauen in weißen Schürzen posieren im Freien vor einer Backsteinfassade, in ihrer Mitte freut sich ein einzelner Mann im Arztkittel. Der Hahn im Korb hat eine scharf geschnittene Nase, darauf sitzt eine starke Brille. Die Physiognomie mit dem dunklen Schnurr- und Kinnbart wirkt wie ihre eigene Karikatur. Der damals 29-jährige Doktor Döblin könnte auch eine Figur aus dem Film „Das Cabinet des Dr. Caligari" sein, der später in Berlin-Weißensee gedreht wurde. Seit fast genau einem Jahr war Alfred Döblin Assistenzarzt an der Irrenanstalt in Buch. Er fühlte sich wohl unter den Patienten, mit denen er gerade eine Theateraufführung einstudierte. Auf dem Foto schräg hinter Döblin ist die erst 16-jährige Krankenschwester Frieda Kunke zu erkennen. Vier Jahre nach der Aufnahme bekam sie

einen Sohn von Doktor Döblin, der zu diesem Zeit-
punkt bereits mit seiner künftigen Ehefrau Erna Reiss
verlobt war und sich als praktischer Arzt und Geburts-
helfer in der Kreuzberger Blücherstraße 18 niederließ.
Dort hängt heute eine Gedenktafel, ebenso an seiner
letzten Berliner Wohnung am Kaiserdamm. In Buch
muss man sich dagegen ganz auf eigene Faust zurecht-
finden.

Ich suche den genauen Ort, an dem das Gruppen-
foto aufgenommen wurde. Es wird in der Nähe der
Anstaltskirche gewesen sein, vor einem der lang
gestreckten ehemaligen Pflegehäuser, wahrscheinlich
auf der östlichen Seite des Klinikgeländes, denn dort
waren die Frauen untergebracht. Die Pflegerinnen und
Döblin arbeiteten in Haus 8, so steht es auf einer Krei-
detafel, die zwei der Schwestern in die Kamera halten.
Später bekamen die Häuser dreistellige Nummern, es
wird das Haus 208 gewesen sein, obwohl die heutige
Fassadengestaltung nicht exakt mit dem Ausschnitt
auf dem Foto übereinstimmt.

Zum ersten Mal habe ich Haus 208 an einem dunklen und kalten Winterabend aufgesucht. Damals
befand sich dort die Kinderintensivstation. An den
Wänden hingen Kinderfotos und Schaubilder, die den
Rückgang der Sterblichkeit auf der Station feierten.
Über eine Gegensprechanlage meldete ich mich an.
Eine Schwester forderte mich auf, Schuhe und Über-
kleider auszuziehen. In einem grünen Kittel und Gum-
mischuhen wurde ich auf die Station geleitet, es
herrschte angespannte Stille. Leise summten die medi-
zinischen Geräte, dann und wann rief ein durchdrin-
gendes Piepsen die Schwestern zu den kleinen Patien-

ten. Wie eine wachsbleiche Kinderpuppe lag meine Tochter in einem Krankenbett mit Gittern, die man an den Seiten hochschieben konnte. Mit großen Pflastern waren mehrere Schläuche an ihrem Kopf fixiert. Einer führte zu einem Gefäß, das eine durchsichtige rötliche Flüssigkeit auffing.

Vielleicht eine Stunde stand ich hilflos am Krankenbett und wollte schon betrübt fortgehen, als eine Schwester Anstalten machte, den Schlauch für die künstliche Beatmung zu reinigen. Durch die Prozedur wurde der Tiefschlaf des Kindes etwas leichter. Die Augenlider hoben sich halb, es rührte den rechten Fuß und die Finger der rechten Hand. Eine Bewegung des Mundes und der Zunge kamen mir sehr vertraut vor, ich hatte sie oft bemerkt, wenn das Mädchen erwachte. Ich verließ die Station mit dem starken Gefühl, dass sie ins Leben zurückkehren würde.

Man stirbt nicht so rasch in Buch. Auch Alfred Döblin hat es seinem Romanhelden Franz Biberkopf nicht erlaubt, sich in der Irrenanstalt aus dem Leben davonzustehlen. Im letzten Buch von „Berlin Alexanderplatz" wird Biberkopf nach einer schlimmen Serie von Schicksalsschlägen in Buch eingeliefert. Er isst und spricht nicht, die Nervenärzte sind ratlos. Sie halten den Patienten künstlich am Leben, bis der Tod dem Franz ein grässliches Lied singt. Da gibt er sich völlig auf und wird zum Lohn als neuer Mensch wiedergeboren. Döblin erzählt von einem Mysterium, das er allein durch seine Sprachgewalt beglaubigt. Über seine Zeit als junger Anstaltsarzt schrieb er: „Unter diesen Kranken war mir immer sehr wohl. Damals bemerkte ich, dass ich nur zwei Kategorien Menschen ertragen kann neben Pflanzen, Tieren und Steinen: nämlich Kinder und Irre. Diese liebte ich immer wirklich. Und wenn man mich fragt, zu welcher Nation ich gehöre, so werde ich sagen: weder zu den Deutschen noch zu den Juden, sondern zu den Kindern und Irren."

Auf den letzten Seiten seines großen Berlin-Romans hört man das Trommeln und Marschieren der Nationalsozialisten, die den Autor ins Exil jagten. Die schöne Krankenanlage in Buch wollten die Nazis nicht länger Patienten überlassen, die sie als „lebensunwert" klassifizierten. Mit dem geplanten Abtransport und der Ermordung der Anstaltsinsassen allerdings zögerten die Behörden bis zum Ausbruch des Zweiten Weltkriegs, da sie einen Aufstand der Angehörigen fürchteten. 1940 begann die Verlegung der Patienten aus Buch in andere Krankenhäuser und „nach unbekannt", wie es in den Akten heißt, wenn die Kranken heimlich umgebracht wurden.

Das Klinikum hat die Stadt vor ein paar Jahren privatisiert, die jetzige Betreibergesellschaft errichtete einen neuen, zweckmäßigeren Krankenhauskomplex, der an die ehemalige III. Irrenanstalt mit ihren denkmalgeschützten Gartenanlagen grenzt. In der Kaiserzeit baute man Krankenhäuser wie Schlösser, heutzutage sehen sie aus wie Shopping-Passagen mit Hubschrauberlandeplatz. Wie es scheint, werde ich noch oft nach Buch hinausfahren müssen und hoffen, dass man dort nicht so schnell stirbt.

Gärten der Welt in Marzahn
Naher und Ferner Osten

Kikerikiiii! Kikeräkäää! In Marzahn krähen die Hähne am helllichten Tag um die Wette. Der lauteste Schreihals stammt von der Zuchtrasse Sultan und gleicht mit seinem flauschig weißen Federkleid einem Fabeltier aus Tausendundeiner Nacht. Ein verzauberter Pudel, der krähen kann. Nie gesehene Putenvögel gackern um den Misthaufen auf dem Tierhof in Alt-Marzahn. Der historische Bauernhof überlebt als Zuchtbetrieb für aussterbende Haustierrassen. In den Koppeln hinter der roten Scheune stehen Ziegen, Esel, Pferde. Schafe weiden unter einer hölzernen Bockwindmühle, deren Flügel sich manchmal noch drehen.

Das Dorf Alt-Marzahn könnte irgendwo weitab von der Hauptstadt in Brandenburg liegen. Selten tuckern Autos über das Kopfsteinpflaster am Dorfanger. Wie in vielen märkischen Nestern stehen manche der einstöckigen Häuser leer. Die Stadtteilbibliothek ist geschlossen und ausgeräumt, aber eine kleine Buchhandlung mit Antiquariat hält sich im Dorf. Nach den Auslagen ist Markus Wolf, der ehemalige Chef der DDR-Auslandsspionage, in Marzahn der gefragteste Autor.

Das Idyll ist umzingelt. Wohnhochhäuser lugen über die Dächer des Dorfes. Mehrspurige Autostraßen schließen es ein. An der Allee der Kosmonauten pflanzten Sigmund Jähn, der erste Deutsche im All, und sein sowjetischer Bordkommandant Waleri Bykowski im September 1978 die ersten Bäume. Schöne neue Welt des Sozialismus, das ist es, was man sich aus der Ferne unter Marzahn vorstellt. Eine Plattenbausiedlung für 165 000 Menschen, in wenigen Jahren hochgezogen. Bei Wahlen ist Marzahn immer noch eine Hochburg der ganz Linken, schon wegen der hohen Arbeitslosigkeit. Obwohl die meisten Plattenbauten in den vergangenen Jahren saniert wurden, um das Viertel zu stabilisieren, stehen viele Wohnungen leer. Berliner aus anderen Stadtteilen können es sich schwer vorstellen, in den Osten des Ostens zu ziehen.

Ebenso wie im Berlin des 19. Jahrhunderts, als für die Bewohner der Mietskasernen Volksparkanlagen gestaltet wurden, wollten die Planer von Marzahn reichlich Grünflächen in der Umgebung schaffen. Doch da die Bepflanzung zwischen den Häusern und Straßen meist auf sich warten ließ, griffen die neuen Mieter selbst zu Rechen und Spaten. Eine eigentümlich planlose Vegetation aus Rasenhügeln, Hecken und Obstbäumen wuchert zwischen den Wohnblocks. Das macht es Ortsfremden nicht leichter, sich einen Weg zu den botanischen Sensationen von Marzahn zu bahnen.

Schön ist das Wuhletal, ein viele Kilometer langes Erholungs- und Naturschutzgebiet mit einem Wanderweg, den man auch gut mit dem Fahrrad erkunden kann. Man fährt mit der U- oder S-Bahn zur Station Wuhletal und folgt am Ausgang auf der Nordseite einfach den Wegweisern. An Röhricht und Sumpfwald, Wiesen und Laubenkolonien vorbei geht es in Richtung Kienberg. Er ist jetzt 102 Meter hoch, doppelt so hoch wie früher. Als das sozialistische Marzahn gebaut und enorme Mengen Erde ausgebaggert wurden, nannte man den Kienberg Marzahner Kippe. Um den Kienberg hatten schon die DDR-Stadtplaner einen großen Erholungspark für die Bevölkerung beider Wohnquartiere vorgesehen. Aber es haperte mit der Planerfüllung. Die 750-Jahr-Feier Berlins im Jahr 1987 war der Anlass, eine „Berliner Gartenschau" am Fuß des Kienbergs auszurichten. Damit war der Grundstein für den Erholungspark Marzahn gelegt, der neuerdings durch die „Gärten der Welt" enorm an Anziehungskraft gewonnen hat.

Eine treibende Kraft war der inzwischen verstorbene Berliner Filmproduzent Manfred Durniok. Seinen Namen kennen wenige, aber jeder hat irgendwann einen der rund 600 Filme gesehen, die der gebürtige Berliner seit 1957 teils drehte, teils produzierte. „Mephisto" nach Klaus Manns Roman, mit Klaus Maria Brandauer in der Hauptrolle, ist sicherlich der bekannteste. Der Filmemacher Durniok reiste viel in der Welt umher, besonders gerne nach China, dessen Gärten ihn ungemein faszinierten. Als Durniok 1999 zum 100. Mal nach China kam, verlieh die Stadt Peking ihm als erstem Europäer die Ehrenbürgerwürde. Peking ist

Partnerstadt von Berlin und Durniok wurde vom Senat
zum Beauftragten für die Pflege der Beziehungen
ernannt.

Der Mann hatte einen Traum: Berlin sollte einen
großen chinesischen Garten bekommen. Und zwar
möglichst authentisch, kein Zwittergebilde aus euro-
päischer und asiatischer Kultur wie der barocke Tee-
pavillon, den der Alte Fritz in Sanssouci errichten ließ.
Der Garten in Marzahn wurde von Experten in Peking
entworfen und von chinesischen Handwerkern ausge-
führt. 100 Container mit Felsgestein und originalen
Bauteilen reisten auf dem Seeweg nach Europa. Drei
Jahre dauerten die Bauarbeiten, dann konnte der „Garten des wiedergewonnenen Mondes" am 15. Oktober
2000 eingeweiht werden – der größte seiner Art in
Europa. Sein Name ist eine Anspielung auf die Wiedervereinigung Berlins.

Steinerne Löwen mit einschüchternden Krallen
und Eckzähnen bewachen das Refugium, das in der Art
eines chinesischen Gelehrtengartens angelegt ist. Zwischen sanften Grashügeln gibt es keine geraden, nur
gewundene Wege. Man müsste barfuß gehen, um die
Unterschiede der Pflasterungen an den Sohlen zu spü-
ren. Scheinbar absichtslos fügen sich graue Steine zu
Treppen und umfriedeten Ruhe- oder Andachtsplätzen. Zwischen den unebenen Fußplatten dürfen Gras,
Sauerampfer und Klee wuchern.

In Felsen sind chinesische Schriftzeichen gemei-
ßelt, alle Inschriften, so konnte ich nachlesen, beziehen sich irgendwie auf den Mond. Das erste Bauwerk
mit leuchtend roten Säulen, das aus der Hügelland-
schaft auftaucht, ist der achteckige „Pavillon, der den

Mond einlädt", eine Anspielung auf ein Gedicht des
Dichters Li Bai über ein Gelage im Mondschein. Alles
hat hier seine symbolische Bedeutung. Magnolien verkörpern weibliche Schönheit und Reinheit. Die erst
spät im Jahr blühenden Chrysanthemen stehen für ein
langes Leben. Bambusbüsche sind ein Sinnbild für
Standhaftigkeit gepaart mit Anpassungsfähigkeit. Ein
künstlicher Teich mit Brücke und Inselchen darf nicht
fehlen, denn „die höchste Vortrefflichkeit gleicht dem
Wasser", schrieb der chinesische Weise Laotse:

Es nützt den abertausend Geschöpfen
und ereifert sich dabei nicht,
es weilt an von allen Menschen verabscheuten Orten
und ist darum fast auf dem rechten Weg.

Seerosen und ein hölzernes Fährboot treiben auf dem
klaren Wasserspiegel. Ein großes Gebäude mit Pago-
dendach – das Steinboot genannt – ragt vom Ufer in
den Teich. Warum es so heißt, erschließt sich innen.
Man glaubt sich wirklich in einem Schiff und meint,
hinaus auf einen Fluss zu schauen. Im Steinboot können sich Hochzeitspaare vor dem Standesbeamten das
Jawort geben.

An der anderen Seite des Teichs liegen kleinteilige-
re Gartenanlagen, dort rauscht ein künstlicher Wasserfall, geht man auf überdachten Zickzackwegen, zwischen hohen Mauern und durch Tore, auf Schritt und
Tritt überrascht von immer neuen Gartenansichten.
Der chinesische Garten ist eine komplizierte, fein ver-
ästelte Partitur, die man als Europäer erst langsam
lesen lernen muss. Um ihn als Ort stiller Einkehr zu

erleben, sollte man sich früh an einem Werktag einfin-
den. Denn an schönen Wochenenden sind die Terras-
sen um das große chinesische Teehaus, das „Berghaus
zum Osmanthussaft", bis auf den letzten Platz besetzt.
Und Berliner sind nun mal keine Leisetreter.

Außerhalb des chinesischen Gartens haben die
Europäer dem Philosophen Konfuzius ein Denkmal
errichtet, überlebensgroß in Stein gehauen steht er auf
hohem Sockel und lächelt freundlich über die gekreuz-
ten Hände hinweg. Die Rückseite des Sockels zitiert ihn
mit den Worten: „Unerschütterlichkeit, Beständigkeit,
Einfachheit und Zurückhaltung kommen der Tugend
nahe."

Die Resonanz auf diesen ersten exotischen Marzahner Garten war so stark, dass andere Partnerstädte von
Berlin dem Beispiel der Chinesen folgten. Als Zeichen
der Verbundenheit mit Tokio entwarf der japanische
Gartengestalter und Zen-Priester Shunmyo Masuno
den 2003 eingeweihten „Garten des zusammenfließen-
den Wassers". Fernöstliche Spiritualität ist hier auf
engerem Raum und mit größter Bescheidenheit ver-
wirklicht. Die gewundenen Steilpfade sind schmaler
als im chinesischen Garten, es gibt keine imposanten
Bauten in leuchtenden Farben. Stattdessen findet man
in der Mitte des Gartens eine schlichte Zypressenholz-
laube mit Aussicht auf einen Trockengarten. Das Wel-
lenmuster seiner geharkten Kiesfläche symbolisiert
einen Teich und, so der Schöpfer des Gartens, die
Zukunft: „Das Steinarrangement des in der Mitte angelegten trockenen Wasserfalls stellt einen Karpfen dar,
der einen Wasserfall gegen die Strömung erklimmt,
und bezieht sich als Zitat auf die Lehre des Zen. Im Zen-

Buddhismus heißt es, wenn der Karpfen einen Wasserfall erklommen hat, verwandelt er sich in einen Drachen." Deutschland, das die Teilung überwunden hat,
kann im Verständnis des Zen-Priesters mit der Kraft
eines Drachen in die Zukunft gehen. Das im Garten all-
gegenwärtige Motiv des Wassers steht für die seelische
und geistige Beweglichkeit, die es uns erlaubt, mit
fremden Kulturen in Harmonie zu leben.

Die Farbpalette des japanischen Gartens beschränkt
sich auf Grau, Grün und Brauntöne, das schärft die
Wahrnehmung feinster Nuancen und die Konzentra-
tion. Welch ein Gegensatz zum Rausch der Farben und
Gerüche im orientalischen Paradiesgarten! Hohe Mauern schließen ihn ein, streng geometrisch teilen ihn
Wege und Wasserbecken mit rauschenden Springbrun-
nen in vier gleich große Beete, bepflanzt mit Palmen,
Agaven, Azaleen, Rosen, Lilien und Lavendel. Pomeran-
zenbäumchen in Kübeln verströmen den schweren
Duft ihrer Blüten. Der Orient zeigt sich in diesem Garten von seiner sinnlichsten und prächtigsten Seite.

Die Vierteilung geht auf altpersische Traditionen
zurück, sie korrespondiert mit Schilderungen des Para-
dieses im Koran. Ein in Berlin lebender Landschafts-
architekt aus Algerien und ein Gartenhistoriker aus der
marokkanischen Stadt Marrakesch haben die Anlage
geplant, 20 Handwerker aus Marokko führten die
prächtigen Ornamente aus. Ein langes Band kalligra-
fisch verschlungener Schriftzeichen läuft um alle vier
Wände herum: Gedichte über Gärten und die Liebe.

Eine Hochzeitsgesellschaft betritt den Garten
durch eines der vier Tore, fein herausgeputzte junge
Leute, die ein energischer Mann in saloppem schwar-

zem T-Shirt dirigiert. Es ist der Kameramann und Foto-
graf, der den Hochzeitstag festhalten soll. Die Braut im
strahlend weißen Rüschenkleid soll an einem großen
Busch mit rosa Blüten schnuppern. Der Regisseur
erteilt seine Anweisung in einer unbekannten Sprache.
Er lässt die Frischvermählten im Gleichtakt an einem
sprudelnden Wasserbecken entlang auf seine Kamera
zuschreiten. Noch eine Totale von der gesamten Hochzeitsgesellschaft – und die Arbeit ist getan. Ich erinnere mich: Nach meiner Trauung sind wir vom Rathaus
ebenfalls in den nächstgelegenen Park spaziert. Im
Pankower Bürgerpark blühte gerade der Flieder.

Marzahner Liebespaare können sich seit vergange-
nem Sommer auch in einem Irrgarten zwischen grünen Hecken verstecken. Wenn die Paare später dann
Kinder haben, stehen Spielplätze und ein Garten mit
Märchenfiguren der Brüder Grimm bereit. Als nächster
„Garten der Welt" soll ein italienischer Renaissance-
garten eröffnet werden. Noch ist er wüste Baustelle.

Unter einem unansehnlichen Gewächshaus gedeihen in tropischem Feuchtklima Pagodenbaum, Wun-
derstrauch und Teufelsblume: Der „Garten der drei
Harmonien" entführt den Besucher nach Bali auf ein
Anwesen mit offenen Schlafpavillons und Tempelbe-
zirk mitten im Urwald. Lieber einziehen würde ich ins
„Haus der einsamen Freude", das die Stadt Seoul den
Berlinern 2006 geschenkt hat. Es liegt auf einer felsigen Anhöhe über einem klaren Bachlauf. Vorbild ist
das 1516 gebaute Holzhaus des Gelehrten Eon Jeok Lee,
der in Korea ähnliche Verehrung genießt wie hierzu-
lande Goethe. Mit 50 Jahren beendete Lee seine Karriere als Politiker und zog sich zurück, um sich ganz den

Lehren des Konfuzius zu widmen. Sein Haus mitten in Marzahn wiederzusehen, muss bei Koreanern ähnliche Empfindungen auslösen, als stünde unsereiner in Asien plötzlich vor dem nachgebauten Weimarer Goethehaus.

Marzahn ist die Weltreise wert. Als ich mit Frau und Kindern zum ersten Mal die Gärten der Welt besuchte, waren wir hinterher völlig erschöpft. Auf der langen Rückreise mit der Straßenbahn tauchte unversehens eine Herde Elefanten vor den Wagenfenstern auf. Friedlich grasten sie auf einer Wiese zwischen den Plattenbauten von Marzahn. In der Nähe stand ein Zirkuszelt. Leider waren wir zu müde, um ein Erinnerungsfoto zu schießen.

Straßenbahnhaltestelle am Nordbahnhof
Berlin am Meer

Stille Winkel in Berlin: Manche Orte verdienen diese Bezeichnung nur zu bestimmten Tages- und Jahreszeiten. Andere sind plötzlich von Bauzäunen umgeben und wieder andere treten unerwartet ins Blickfeld. Auf dem Weg in die Innenstadt mit der S-Bahn meldet sich der Zugführer über Lautsprecher: „Sehr geehrte Fahrgäste, wegen technischer Gründe muss dieser Zug ausgetauscht werden. An der Station Nordbahnhof bitte alle aussteigen!"

Am Nordbahnhof gibt es gar keinen richtigen Bahnhof mit Zügen, die in die Ferne fahren. Die politische Teilung hat eine große Brache hinterlassen, dort wo einmal der Gare du Nord von Berlin war. Vom Stettiner Bahnhof, der nach dem Zweiten Weltkrieg in Nordbahnhof umbenannt wurde, fuhren die Züge an die Ostseeküste. Er war das Tor der Berliner in die Ferien.

In der geteilten Stadt jedoch lag das Bahnhofsgebäude in Ostberlin, die Zufahrtsgleise führten über Westberliner Gebiet. Also wurde bald nach dem Mauerbau der Kopfbahnhof kurzerhand abgerissen.

Die unterirdische S-Bahn-Station Nordbahnhof war in Mauerzeiten ein Geisterbahnhof, durch den Züge aus Westberlin rollten, ohne anzuhalten. Ein heute wieder geöffneter S-Bahn-Ausgang mündet in die Bernauer Straße. Sie wurde berühmt, weil sich dort seit dem August 1961 besonders dramatische Fluchtszenen abspielten. Die Fahrbahn und die Bürgersteige der Bernauer Straße gehörten zu Westberlin, die Häuser auf der einen Straßenseite zu Ostberlin. Menschen sprangen aus den Fenstern in die Freiheit oder seilten sich ab. Die Häuser sind alle weg, man findet stattdessen eine wenig gelungene Mauergedenkstätte, ein Dokumentationszentrum und die sehenswerte moderne Kapelle der Versöhnung. Sie entstand als Stampflehmbau auf den Fundamenten der Versöhnungskirche, die 1985 gesprengt wurde, damit die Grenztruppen der DDR freies Schussfeld im Todesstreifen vor sich hatten.

Neben dem oberirdischen Gebäude der S-Bahn-Station Nordbahnhof, an der Invalidenstraße, lag früher ein sehr belebter, dreieckiger Platz: der Vorplatz des verschwundenen Fern- und Ferienbahnhofs. Nach dem Abriss verödete und verwahrloste der Ort, erst seit Kurzem zeigt er wieder ein freundlicheres Gesicht. Anlass gab der Bau einer Straßenbahnstrecke, die durch die Bernauer Straße verläuft und am Nordbahnhof endet. An der Endhaltestelle empfängt die Fahrgäste ein ungewöhnlich helles Straßenpflaster. Darin sind Eisenschienen eingelassen, verbunden durch Betonschwellen mit

Ortsnamen: Warnemünde, Bad Doberan, Zinnowitz, Swinjouscie, Stockholm, Oslo ... – die Bestimmungsorte der Züge, die einst vom Stettiner Bahnhof abfuhren.

Charme und Witz gewinnt das Erinnerungsmal durch die sparsame Bepflanzung der Platzfläche. Vier lang gezogene, unregelmäßige Hochbeete bilden eine kleine Ostseedünenlandschaft. Charakteristische Pflanzen wie Strandhafer, Dünenschwingel, Strandgrasnelke und magere Kiefern verbreiten Urlaubsstimmung. Wer je Sommertage mit der Familie an der Ostsee mitgemacht hat, kann gar nicht anders, als bei diesem Anblick an die Weite der Küstenlandschaft, Meeresrauschen, Badefreuden und Sandburgen zu denken.

Berlin am Meer: Das ist ein alter Traum der Berliner. In seiner autobiografischen „Berliner Chronik" schildert Walter Benjamin, wie ihm am Stettiner Bahnhof die Dünenlandschaft der Ostsee als Fata Morgana erschien, „gestützt nur auf die gelben sandigen Farben des Bahnhofsgebäudes und die Vorstellung des hinter seinen Mauern schrankenlos sich öffnenden Horizonts." Exakt dieses Bild aus der Vorkriegszeit ruft der neu gestaltete Bahnhofsvorplatz hervor. „Berlin am Meer", so nannte der Maler Werner Heldt eine berühmte Bilderserie aus der vom Bombenkrieg verwüsteten Stadt. Meeres- und Stadtmotive, Realität und Traum überlagern sich auf Berlinansichten, über die der Künstler schrieb: „Ich habe in meinen Bildern immer den Sieg der Natur über das Menschenwerk dargestellt. Unter dem Asphalt Berlins ist überall der Sand unserer Mark. Und das war früher einmal Meeresboden. Aber auch Menschenwerk gehört zur Natur. Häuser wachsen an Ufern, welken, vermodern. Menschen bevölkern die Städte, wie Termiten. Kinder spielen gern mit Wasser und Sand; sie ahnen vielleicht noch, woraus so eine Stadt gemacht ist."

Dort wo der Strand hinter den Dünen an der Straßenbahnhaltestelle sein müsste, hat die Verkehrsverwaltung eine ziemlich breite und laute Straße neu bauen lassen. So ist Berlin – einerseits. Andererseits ist gleich am Straßenrand der nächste stille Winkel in Arbeit. Über einem Bauzaun verkündet ein großes Schild: „Hier entsteht der Park am Nordbahnhof". Was von den früheren Bahndämmen und der DDR-Grenzanlage übrig ist, soll in die Parkgestaltung integriert werden. Die Mitte wird eine lang gestreckte Wiese bilden, drei Meter höher gelegen als die benachbarten Straßen. Von dem grünen Plateau sollen sich weite Blicke in die Stadtlandschaft ergeben. Auch ohne Meeresstrand und Seehafen ist Berlin eine Stadt mit großartigen Aussichten.

Eine exzellente und aktuelle Informationsquelle ist die Homepage der Berliner Senatsverwaltung für Stadtentwicklung. Unter den Rubriken „Natur+Grün" und „Denkmal" findet man zu Themen wie Parkanlagen, Straßenbäume, Friedhöfe, Kleingärten, die in diesem Buch angeschnitten werden, sehr gut aufbereitete Seiten. Verlässliche und detaillierte Informationen zu einzelnen Objekten sind in der frei zugänglichen Denkmaldatenbank der Senatsverwaltung abrufbar (stadtentwicklung.berlin.de).

S. 12: Raum der Stille im Brandenburger Tor, täglich ab 11 Uhr, im Winter bis 16 Uhr, im Sommer bis 18 Uhr. Direkt am S-Bhf. Pariser Platz.

S. 17: Der Rosengarten im Tiergarten liegt südlich der Straße des 17. Juni zwischen Brandenburger Tor und Siegessäule. Literatur: Folkwin Wendland, Der große Tiergarten in Berlin, Berlin 1993.

S. 23: Geschichtspark Ehemaliges Zellengefängnis in Berlin-Moabit, Eingänge an der Invalidenstraße, Lehrter Straße und Bundesstraße 96, direkt am Hauptbahnhof. Geöffnet ab 8 Uhr, im Sommer bis 21 Uhr, im Winter bis 16 Uhr. Lesetipp: Wolfgang Schäche,

Das Zellengefängnis Moabit. Zur Geschichte einer preußischen Anstalt, Berlin 1992.

S. 29: Deutsches Technikmuseum Berlin
Trebbiner Straße 9
10963 Berlin-Kreuzberg
(Nähe U-Bhf. Gleisdreieck oder Möckernbrücke und S-Bhf. Anhalter Bahnhof). Informationen unter www.dtmb.de.
Öffnungszeiten:
Di.–Fr. 9.00 bis 17.30 Uhr, Sa., So. 10.00 bis 18.00 Uhr.

Naturpark Schöneberger Südgelände, Eingang am S-Bhf. Priesterweg.
Täglich ab 9 Uhr, im Sommer bis 20 Uhr, im Winter bis 17 Uhr. Eintritt 1 Euro. Informationen unter www.gruen-berlin.de. Lesetipp zur Wahrnehmungs- und Literaturgeschichte des Bahngeländes: Michael Bienert, Die eingebildete Metropole, Stuttgart 1992.

S. 34: Der Kreuzberg und Viktoria-Park sind rund um die Uhr geöffnet, nächstgelegene Stationen sind der U-Bhf. Mehringdamm und der S-Bhf. Yorckstraße. 2007 erschien unter dem Titel „Auf dem Gipfel von Berlin" ein Parkführer des Bezirksmuseums Kreuzberg-Friedrichshain.

S. 40: Kalins Garten liegt im
Zwickel zwischen Bethaniendamm und Mariannenstra-
ße, der Kinderbauernhof an
der Adalbertstraße, Ecke
Bethaniendamm. Der Luisenstädtische Kanal verlief dort
entlang von der Schilling-
brücke über den Oranien-
platz bis zum Böcklerpark,
wo er in den Landwehrkanal
mündete. Mehr über
die lokale Historie erfährt
man im nahen
Kreuzberg-Museum
Adalbertstraße 95a
10997 Berlin
(am U-Bhf. Kottbusser Tor).
Zum Berliner Mauerstreifen
gibt es inzwischen etliche
Bücher, Pläne und Internet-
seiten, seit 2006 auch
ein materialreiches
Informationsportal:
www.berlin.de/mauer.
S. 47: Deutsches Theater
Schumannstraße 13a
10117 Berlin.
Spielplan unter
www.deutschestheater.de.
Gaststätte „Emil",
Schumannstraße 15
10117 Berlin (beide Nähe S-
und U-Bhf. Friedrichstraße).
S. 52: Eine aktuelle Liste
denkmalgeschützter „stiller
Örtchen" generiert man im
Internet, indem man die
Denkmaldatenbank der
Stadtentwicklungsbehörde

aufruft und in der Such-
maske unter „Objekttyp"
das Wort „Bedürfnisanstalt"
eingibt: www.stadtentwick-
lung.berlin.de/denkmal/
liste_karte_datenbank/de/
denkmaldatenbank/index.
shtml#zielref.
S. 57: Berliner Unterwelten e. V.
Brunnenstraße 108a
13355 Berlin
Tel. 0 30/49 91 05-18.
Führungen im Museum am
S- und U-Bhf. Gesundbrun-
nen finden ganzjährig statt,
im Flakbunker Humboldt-
hain von April bis Oktober.
Termine und Informationen
unter www.berliner-
unterwelten.de.
Lesetipp: Dietmar und Ingmar Arnold/Frieder Salm:
Dunkle Welten, Berlin 1997.
S. 62: Schloss Schönhausen
Ossietzkystraße
13187 Berlin
(S- und U-Bhf. Pankow).
Krematorium Wedding und
Urnenfriedhof am
Ruheplatz, Eingang Gerichtstraße 37–38
13347 Berlin
(U-Bhf. Leopoldplatz).
S. 66: Die Berliner Friedhöfe
sind in der Regel täglich bis
zum Einbruch der Dunkel-
heit geöffnet. Jüdische Friedhöfe sind an jüdischen Feiertagen und von Freitagmittag
bis Samstag wegen der

Sabbatruhe geschlossen,
Männer sollten eine Kopfbe-
deckung nicht vergessen.
Marienkirche
Karl-Liebknecht-Straße 8
10178 Berlin
(S- und U-Bhf. Alexander-
platz).
Täglich ab 10 Uhr geöffnet.
Museum Nikolaikirche
Poststraße
10178 Berlin
(U- Bhf. Klosterstraße).
Bis Mitte 2009 wegen
Restaurierung geschlossen.
Friedhof an der Parochialkirche
Klosterstraße
10179 Berlin
(U-Bhf. Klosterstraße).
Sophienkirchhof
Große Hamburger Straße 29
10178 Berlin
(S-Bhf. Oranienburger
Straße).
Friedhöfe vor dem Halleschen
Tor, Eingänge am
Mehringdamm und
Zossener Straße
10961 Berlin
(U-Bhf. Mehringdamm).
Alter St. Matthäus-Kirchhof,
Großgörschenstraße 12–14
10829 Berlin
(S-Bhf. Yorckstraße).
Friedhof der Dorotheenstädti-
schen und Friedrichwerder-
schen Gemeinde
Chausseestraße 126
10115 Berlin
(U-Bhf. Oranienburger Tor).

Hohenzollerngruft im Berliner
Dom am Lustgarten
10178 Berlin
(S-Bhf. Hackescher Markt).
Täglich 9–19 Uhr geöffnet,
sonntags ab 12 Uhr,
keine Besichtigung während
der Gottesdienste.
Mausoleum im Schlosspark
Charlottenburg
Spandauer Damm 20–24
14059 Berlin
(S-Bhf. Westend).
Geöffnet April bis Oktober
von 10–17 Uhr, montags
geschlossen.
Alter Garnisonfriedhof
Kleine Rosenthaler
Straße 3–7
10119 Berlin
(U-Bhf. Rosenthaler Platz).
Zentralfriedhof Friedrichsfelde
Gudrunstraße
10365 Berlin
(S-Bhf. Friedrichsfelde Ost).
Städtischer Friedhof Heerstraße,
Trakehner Allee 1
14053 Berlin (U- oder S-Bhf.
Olympiastadion)
Südwestfriedhof Stahnsdorf,
Bahnhofstraße
14532 Stahnsdorf.
Böhmischer Gottesacker
Karl-Marx-Platz 10
12043 Berlin
(U- und S-Bhf. Neukölln).
Türkischer Friedhof
Columbiadamm 128
10965 Berlin
(U-Bhf. Südstern).

Friedhof der russisch-ortho-
doxen Gemeinde
Wittestraße 37
13509 Berlin
(U-Bhf. Holzhauser Straße).
Jüdischer Friedhof Weißensee
Herbert-Baum-Straße
13088 Berlin.
Jüdischer Friedhof Schönhauser
Allee
Schönhauser Allee 23–25
10435 Berlin
(U-Bhf. Senefelderplatz).
Lesetipps: Heinz Knobloch, Berli-
ner Grabsteine. Spaziergänge
wider die Vergessenheit.
Berlin 1988.
Klaus Hammer, Friedhöfe in
Berlin, Berlin 2006.
S. 73: Buddhistisches Haus in
Frohnau, Edelhofdamm 54
13456 Berlin (S-Bhf. Frohnau)
Tel. 0 30/4 01 55 80.
Tempel und Bibliothek von
9 bis 18 Uhr geöffnet,
montags Ruhetag.
Informationen unter
www.buddhistisches-haus.de.
S. 77: Ateliermuseum Ruthild
Hahne
Straße 201, Nr. 1
13156 Berlin.
Zu besichtigen nach telefoni-
scher Anmeldung
Tel. 0 30/4 86 80 19
(Nähe S-Bhf. Schönholz).
Literatur: Jörg Fidora und
Katrin Bettina Müller: Rut-
hild Hahne. Geschichte einer
Bildhauerin, Berlin 1995.

S. 83: Späth-Arboretum der
Humboldt-Universität,
Späthstraße 80/81
12437 Berlin
(S-Bhf. Baumschulenweg).
Tel. 0 30/6 36 69 41,
www.biologie.hu-berlin
.de/arboretum. Geöffnet
von März bis Oktober jeden
Mittwoch, Donnerstag
und am Wochenende
von 10–18 Uhr.
S. 88: Aktuelle Fahrpläne der
BVG-Fähren über die
Müggelspree findet man auf
www.bvg.de, die der Dampfer
auf dem Müggelsee unter
www.sternundkreis.de.
Lesetipp: Claus-Dieter Sprink,
„Wir waren alles einfache
Leute." Die Geschichte der
Arbeiterzeltstadt Kuhle
Wampe, in Müggelheimer
Bote Nr. 6 und 7/2001,
auch im Internet unter
www.mueggelheimer-
bote.de.
S. 94: Schloss Klein-Glienicke,
Königsstraße 36
14109 Berlin.
Geöffnet im Mai bis Oktober
am Wochenende und Feier-
tagen von 10–17 Uhr, in den
Wintermonaten nur mit Füh-
rung um 11, 13 und 15 Uhr.
Der Pleasureground ist
täglich bis Einbruch der
Dunkelheit zugänglich.
Gut erreichbar vom S-Bhf.
Wannsee mit dem Autobus

116, mit dem Schiff
(Anleger Glienicker Brücke)
oder der Potsdamer
Straßenbahnlinie 93.

S. 99: Helios Klinikum Berlin-
Buch
Wiltbergstraße 50
und Karower Straße 11
13125 Berlin,
Nähe S-Bhf. Berlin-Buch.
Die historischen Kranken-
hausgelände sind
ganztägig zugänglich.
Literatur: Dörte Dohl, Ludwig
Hoffmann. Bauten für Berlin.
Tübingen und Berlin 2004.

S. 108: Gärten der Welt im
Erholungspark Marzahn
Eisenacher Str. 99
12685 Berlin.
Informationen unter
www.gruen-berlin.de.
Geöffnet täglich ab 9.00 Uhr.
Zu erreichen via S-Bhf.
Marzahn und U-Bhf. Hellers-
dorf und Bus 195.

S. 117: Dokumentationszentrum
Berliner Mauer
Bernauer Straße 111
13355 Berlin.
Täglich 10–17 Uhr geöffnet,
montags geschlossen.
Eintritt frei.
Auch die Kapelle der
Versöhnung ist zu diesen
Zeiten zugänglich.

Zum Weiterlesen:

Michael Bienert, Berlin. Wege
durch den Text der Stadt,
Stuttgart 2004.
Franz Hessel, Spazieren in Berlin, Berlin 1929. Neuauflage
unter dem Titel „Ein Flaneur
in Berlin", Berlin 1984.
Walther Kiaulehn, Lob der stillen Stadt, Berlin 1989.

Stadtspaziergänge zu stillen
Winkeln können mit dem Autor
vereinbart werden. Aktuelle
Kontaktdaten auf der Homepage: www.text-der-stadt.de

Schloss
Schönhausen
62

73

REINICKENDORF   77
                                     PANKOW

Bornholmer Str.

Flughafen   Volkspark
Berlin-Tegel   Rehberge   Seestr.
                                 62   57
                 WEDDING

                                                         PRENZLAUER
                                              117   BERG
                                                              71
CHARLOTTEN-
      BURG   Hauptbahnhof   23   67
Schloss   47
Charlottenburg   Friedrichstr.
                                Reichstag   Dom   Fernsehturm
                       Siegessäule   Tiergarten   12 Unter den Alexander-
                       Neuer See   17   Linden   platz
                          Zoo   Potsdamer   MITTE
                                        Platz   40
                                                                         41
               Gedächtniskirche   Oranienstr.
Kurfürstendamm   29   KREUZBERG   Landwehr
                                                                      kanal

        SCHÖNEBERG   34
                               Viktoria-Park   Volkspark
                               Kreuzberg   Hasenheide
                                                   70
            A100

                                                       Flughafen
                                                       Tempelhof

                                        TEMPELHOF

                                    33
Botanischer
Garten   Steglitzer Damm
Unter den Eichen
        STEGLITZ

94   0   1   2   3 km